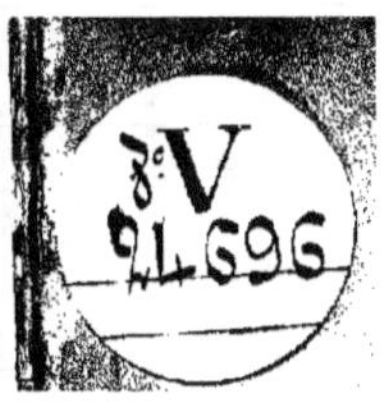
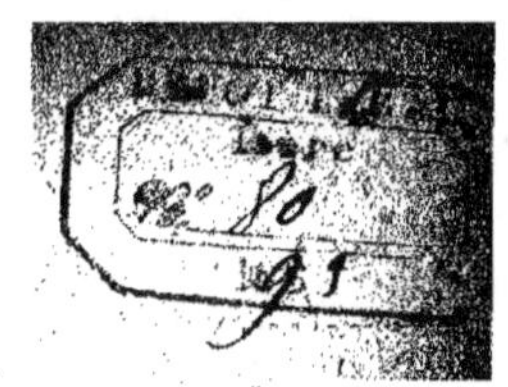

LA COULEUR

ET

LA PERSPECTIVE

DANS

LA PEINTURE ANTIQUE

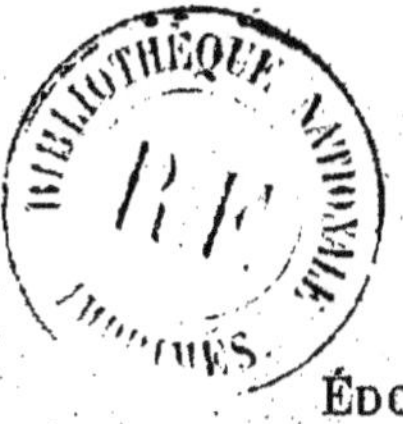

PAR

ÉDOUARD BERTRAND

Ancien élève de l'École normale supérieure,
Professeur de Littérature latine à la Faculté des Lettres de Grenoble.

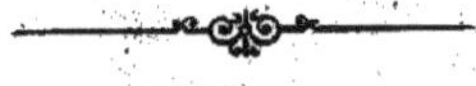

GRENOBLE

IMPRIMERIE F. ALLIER PÈRE ET FILS

Cours Saint-André, 26

—

1893

LA COULEUR

ET

LA PERSPECTIVE

DANS

LA PEINTURE ANTIQUE

Extrait des *Annales de l'Enseignement supérieur de Grenoble*, tome V, nº 1.

LA COULEUR

ET

LA PERSPECTIVE

DANS

LA PEINTURE ANTIQUE

PAR

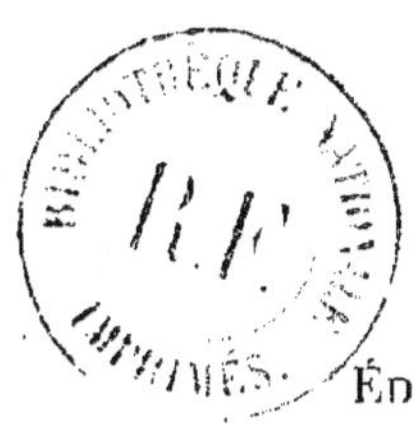

Édouard BERTRAND

Ancien élève de l'École normale supérieure,
Professeur de Littérature latine à la Faculté des Lettres de Grenoble.

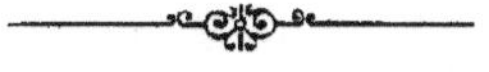

GRENOBLE

IMPRIMERIE F. ALLIER PÈRE ET FILS

Cours Saint-André, 26

1893

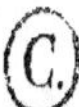

LA COULEUR ET LA PERSPECTIVE

DANS LA PEINTURE ANTIQUE

C'est sans doute une entreprise délicate que d'essayer de retracer l'histoire du dessin dans la peinture antique ; mais on le peut sans témérité. Nous avons tenté nous-même, dans une étude précédente, d'en indiquer les grandes lignes ; il est possible d'entrer encore plus avant dans le sujet, de réunir et d'analyser plus d'exemples. Ici, les textes sont aidés par les monuments ; ils se prêtent les uns aux autres une mutuelle lumière. Les vases peints bien classés et bien ordonnés nous laissent suivre de siècle en siècle les progrès de cette science du dessin qui a été la gloire de l'école grecque. Mais comment aborder l'histoire du coloris ? Cette fois, les renseignements manquent presque complètement. Les textes sont rares, et quant aux monuments, leur témoignage est imparfait et surtout bien difficile à recueillir. D'abord, tandis que nous avons des dessins qu'on peut rapporter à la belle époque de l'art, les peintures antiques que nous possédons appartiennent à la décadence. Ensuite, ces peintures qu'on exhume du sol s'altèrent en reparaissant au jour après tant de siècles. En effet, un archéologue distingué qui depuis de longues années suit attentivement les fouilles de Pompéi et étudie avec passion toutes les peintures qu'elles dégagent, M. W. Helbig, a reconnu que, parmi ces peintures, un très petit nombre survit à la découverte et se conserve grâce à des soins tout particuliers. Ces couleurs qui sortent fraîches et brillantes de la cendre où elles ont été si longtemps ensevelies, au premier contact de l'air et de la lumière, se détériorent et périssent en quelques années. C'était en 1863 qu'il avait commencé ses recherches ; c'est en 1865 qu'il a publié son ouvrage ; or, dans ce court intervalle, beaucoup de fresques qu'il avait étudiées dans les maisons de Pompéi s'étaient effacées, sans laisser d'autres traces que les dessins exécutés sous sa direction [1]. Il faudrait donc, à la rigueur, être là, sur les lieux, au moment où la peinture sort du sol, pour se faire une idée juste de son coloris.

Difficile à consulter, ce témoignage est encore incomplet. En effet, parmi les procédés dont usait la peinture antique, celui qui était le plus puissant et qui offrait à l'artiste les ressources les plus riches, l'encaustique, n'a pas été employé par les décorateurs des cités campaniennes[2]. Tout atteste pourtant l'importance de ce procédé ; il était, par exemple, en usage pour les tableaux qui exigent le plus d'illusion, ceux de fleurs et d'animaux, où domine l'intérêt du coloris, moins nécessaire dans les compositions ennoblies par la présence des dieux et des héros. Il y a même eu toute une grande école de peintres à l'encaustique parmi lesquels se distinguaient les noms illustres de Pausias, d'Euphranor, de Nicias. Comment donc apprécier le coloris des anciens d'après les monuments, quand ceux-ci nous refusent tout éclaircissement sur une manière de peindre employée par les premiers maîtres, celle qui donnait les plus chaudes et les plus brillantes colorations ?

Malgré les inconvénients que nous signalons, on doit cependant reconnaître que la couleur de l'école grecque étudiée dans les monuments serait un sujet d'un vif intérêt. Mais, très délicat, il demanderait de longues recherches. Pour le traiter convenablement, il ne faudrait pas borner ses investigations à quelques œuvres, mais les étendre à tout ce qui reste de la peinture antique ; il faudrait en poursuivre les précieux débris partout où ils se trouvent. Comme cette étude qui demanderait, ainsi entendue, de nombreux voyages et

---

[1] G. Perrot, *Revue archéol.*, 21ᵉ vol., janv. 1870.

[2] C'est ce que constate Otto Donner dans la dissertation mise en tête de l'ouvrage de W. Helbig sur les peintures campaniennes.

de grands loisirs, nous est interdite, nous en aborderons une qui nous est plus accessible. A côté des monuments, il y a les textes, quelques-uns déjà connus, d'autres moins remarqués jusqu'à présent ; épars çà et là, ils peuvent être groupés et acquérir par là une valeur et une signification inattendues. D'autre part, une interprétation plus exacte et plus technique peut en augmenter l'intérêt et en tirer une lumière nouvelle. Quoique rien n'égale l'importance des monuments, ces textes ont cependant sur eux un avantage : remontant à la belle époque, ils sont les seuls témoins du grand art ; seuls, ils nous laissent entrevoir quelque chose des principes et de la pratique des maîtres. Pourquoi les négliger ? Pourquoi ne pas demander, par exemple, à Aristote et à Platon ce qu'ils ont à nous apprendre sur la peinture antique ? C'est ce que nous nous proposons de faire dans cette étude, relativement à la question de la couleur, à laquelle nous joindrons celle de la perspective. Nous voulons, en particulier, appeler l'attention sur quelques textes d'Aristote qui nous semblent curieux. Ils paraissent, en effet, révéler chez les peintres anciens une connaissance profonde des lois du coloris. On y trouve, sinon l'exposition et le développement, du moins l'indication de certains principes qui sont la base de la science moderne, et que celle-ci est trop disposée à revendiquer comme son acquisition propre et comme sa conquête. Nul doute que les notions et les procédés que le savant mentionne en passant n'aient appartenu à la doctrine et à la pratique des artistes de son temps. A la mention de ces passages d'Aristote nous joindrons celle de plusieurs textes intéressants de Platon qui nous montreront chez le philosophe une certaine préoccupation de la perspective et de ses illusions. Que cette dernière science ait été plus familière qu'on ne le croit généralement aux artistes de l'antiquité, c'est ce que nous apprendront quelques documents précis. Nous verrons qu'elle ne s'est pas bornée pour eux à des observations justes sur les différents effets de l'éloignement, mais qu'ils ont possédé la théorie de ces phénomènes d'optique, étudiés à la fois par des artistes, des philosophes, des géomètres. Enfin, Lucrèce nous offrira quelques beaux vers où ces mêmes phénomènes sont analysés et décrits avec une précision et une justesse remarquables, où leurs lois se trouvent pour ainsi dire traduites en poétiques tableaux. Interprète inattendu de la perspective, Lucrèce nous prouvera une fois de plus quelle science il cache sous les brillantes images de sa poésie.

Mais avant d'exposer la théorie de la couleur chez les anciens, il ne sera pas hors de propos de jeter un coup d'œil sur son histoire. Quels ont été les progrès successifs du coloris depuis l'origine de l'art jusqu'à son dernier perfectionnement? Quels sont les maîtres qui ont le plus contribué à en développer la science? C'est ce que nous allons essayer de dire, en nous bornant à un court aperçu.

I

Histoire sommaire de la couleur dans la peinture antique. — Les principaux maîtres : Polygnote, Apollodore, Zeuxis et Parrhasios, Euphranor, Apelle. — Appréciation du coloris de certains peintres par la critique ancienne.

« La peinture égyptienne, dit M. Perrot, repose tout entière sur une convention. Dans la nature, il n'y a que des nuances ; ici, tout au contraire, le peintre attribue à toute une surface une valeur uniforme et tranchée ; à tout le nu d'un corps il donne la même couleur qui sera plus ou moins claire suivant qu'il s'agira d'une femme ou d'un homme. Toute une draperie sera d'un même ton, sans que l'artiste s'inquiète de savoir si dans telle ou telle position la teinte de l'étoffe ne sera pas, tantôt assombrie par l'ombre portée, tantôt, au contraire, avivée et comme égayée par le ton qui la frappe... Poser ainsi les uns après les autres, sans transitions qui les relient, des tons entiers et plats, c'est faire de l'enluminure, ce n'est pas peindre dans le vrai sens du mot. Aussi le peintre n'était-il à proprement parler qu'un artisan. L'artiste, c'était le dessinateur, c'était celui qui traçait au crayon rouge sur la paroi (du temple ou du tombeau) les contours des personnages et des ornements [1]. »

En Grèce, cet art tout primitif va se transformer. Désormais les formules hiératiques ne l'enchaînent plus ; il est libre, et avec la liberté naît le progrès. Sans doute, ce progrès s'accomplit lentement.

---

[1] Perrot et Chipiez, *Histoire de l'Art dans l'antiquité*, tom. I, ch. viii, § 1, *la Peinture égyptienne*.

C'est seulement avec Polygnote que, dans l'histoire de la peinture grecque, apparaît la couleur (vers le milieu du v⁰ siècle av. J.-C.). Nous sommes encore au berceau de l'art. Il faut que le vieux maître invente lui-même ses procédés, qu'il se fabrique ses couleurs. C'est lui qui prépare un nouveau noir avec le marc de raisin et qui enseigne l'emploi de l'ocre attique ; c'est lui enfin qui fait le premier essai de la peinture à la cire, ou encaustique. Du reste, sa coloration était dans un goût d'extrême simplicité. Plus tard, sous l'empire romain, ce coloris si simple charmait encore certains amateurs au point qu'ils préféraient le vieux maître aux plus grands peintres qui vinrent après [1]. C'était alors l'époque où, en littérature, le goût blasé commençait aussi à revenir aux vieux écrivains, aux poètes de l'ancienne Rome ; Polygnote avait cette saveur qu'ont aujourd'hui les Cimabué, les Giotto et tous les maîtres primitifs de la Renaissance. Il est à croire que dans ses tableaux il procédait par larges teintes, avec une sobriété excessive de nuances ; ce qui donnait à son coloris, s'harmonisant en cela avec son dessin, un certain air de grandeur tout à fait approprié à ces compositions de haut style dans lesquelles les personnages étaient les dieux et les héros [2].

Mais cette simplicité naïve, si gracieuse dans l'art naissant, ne pouvait pas durer toujours. La nature, mieux étudiée et plus attentivement observée par les artistes, leur apprit que la couleur, dans les objets, est mobile, changeante, nuancée ; on imagina alors la dégradation des tons. C'était toute une révolution dans le coloris ; les artistes égyptiens, avec leurs tons plats et entiers, étaient laissés bien loin en arrière par les peintres grecs auxquels une voie nouvelle était ouverte. A qui donc était dû ce progrès ? encore à ce vieil Apollodore · qui, nous l'avons déjà vu, avait inventé la dégradation de

---

[1] Quint., *Inst. Orat.*, XII, 10.

[2] Il ne nous a été conservé que deux ou trois détails relativement au coloris de Polygnote. Le premier, il avait représenté des étoffes transparentes, *mulieres translucida veste pinxit*. Plin , *N. H.*, XXXV, 58. On admirait dans sa *Cassandre* « la douce rougeur des joues » παρειῶν τὸ ἐνερευθές. Lucien, *Imag.* 7. Quintilien appelle sa couleur *simplex color*. Enfin, à propos de cet artiste, il faut se souvenir de ce que Denys d'Halicarnasse dit des vieilles peintures : εἰργασμέναι ἁπλῶς καὶ οὐδεμίαν ἐν τοῖς μίγμασιν ἔχουσαι ποικιλίαν. *de Isæo*, 4.

l'ombre, c'est-à-dire la demi-teinte. En créant les « tons rompus »,
il opéra dans le coloris la même réforme que dans le clair-obscur [1].

Ce sont Zeuxis et Parrhasios qui, les premiers, recueillirent les
fruits de cette grande découverte. Grâce à la nouvelle méthode, ils
obtinrent des effets surprenants, inconnus jusque-là, et qui émerveil-
lèrent les hommes d'alors. Ceux-ci ne surent comment traduire leur
admiration pour ces peintures dont la vérité était saisissante, grâce à
la parfaite observation des lois du modelé et du coloris. De là ces
récits naïfs, ces légendes d'atelier, dans lesquelles se complaisait
l'imagination des Grecs. C'était alors en quelque sorte le langage de
la critique contemporaine. Comme elle ne nous a pas laissé d'autres
appréciations, la gravité de la critique moderne est bien obligée de
s'en contenter. On contait donc qu'une fois Parrhasios avait offert le
combat à Zeuxis. Le jour du concours arrivé, en présence des juges
réunis, Zeuxis présente des raisins ; ils sont peints avec tant de vérité
qu'il n'y a qu'un cri d'admiration ; et l'on voit des oiseaux accourir
pour les becqueter. Zeuxis triomphe par avance ; la sentence a été
prononcée par les oiseaux eux-mêmes. Mais le tour de Parrhasios va
venir. Celui-ci apporte un tableau où est représenté un rideau.
Zeuxis est impatient : « Allons, s'écrie-t-il, qu'on me lève donc ce
rideau ! » Tout d'un coup, il reconnaît son erreur, et, tout confus,
avec une modeste franchise, il s'avoue vaincu : « Je n'ai trompé que
des oiseaux, dit-il à son rival ; vous, vous avez trompé un peintre [2]. »
On ne discute pas de semblables anecdotes ; « elles ne sont, dit fort
bien Beulé, qu'une forme plus vive de l'admiration, un tour ingénieux
et poétique ; c'est la métaphore poussée jusqu'au bout. » Mais tout en
nous faisant sourire, elles nous instruisent et nous prouvent à quel
degré d'illusion, grâce à la vérité du coloris, l'art était parvenu.

C'est sous Alexandre, c'est chez les maîtres de cette grande époque
que le coloris atteignit la perfection [3]. Le dessin, honneur de l'an-

---

[1] Ἀπολλόδωρος ὁ ζωγράφος ἀνθρώπων πρῶτος ἐξευρὼν φθορὰν καὶ
ἀπόχρωσιν σκιᾶς. Plut., *de Glor. Athen.*, 2. Sur le sens de φθορά : τὰς μίξεις
τῶν χρωμάτων οἱ ζωγράφοι φθορὰς ὀνομάζουσι. Porphyr., *de Abstin.*, IV, 20.

[2] Plin., XXXV, 10, 36, édit. J. Sillig, Hambourg. 1851.

[3] C'est alors qu'un des plus savants maîtres de la peinture antique, à la fois grand
peintre et grand sculpteur, Euphranor, composa un traité sur les couleurs qui est
aujourd'hui perdu.

cienne école, y était arrivé depuis longtemps, parce que dans cette partie de l'art la peinture avait reçu les leçons de la statuaire. La couleur, science plus compliquée, fut plus tardive. Mais dans l'âge dont nous parlons elle acquit la plénitude de ses qualités et de ses ressources. C'est ce qu'exprime Cicéron en disant : « Dans Zeuxis, Polygnote et Timanthe, nous louons la perfection des formes et des contours ; mais dans Aétion, Nicomaque, Protogène et Apelle, l'art est accompli. » L'influence réciproque des tons qui s'exaltent par leur voisinage, cette richesse d'effet due autant à l'intensité du coloris qu'à la puissance du clair-obscur et que Pline appelle *splendor*, enfin cette belle harmonie que les Grecs désignáient par le mot ἁρμογή et qui consiste dans l'union de tons savamment assortis et fondus ensemble, tous ces secrets de la couleur ont été successivement découverts [1].

Mais il n'y a pas de plus sûr indice de la perfection atteinte alors en cette partie de l'art que l'excellence du coloris dans les carnations de certains maitres. Peindre la chair dans toute sa vérité et toute sa beauté, en imiter les chaudes colorations chez l'homme, et chez la femme les tons fins, ambrés, nacrés, toutes ces nuances d'une délicatesse infinie, c'est le suprême effort de l'art. Eh bien ! les peintres de cette époque y ont admirablement réussi. Euphranor, par exemple, s'applaudissait des carnations de son *Thésée* et en parlait avec orgueil. Comparant cette figure à celle de Parrhasios qui, lui aussi, avait représenté le héros d'Athènes, il disait : « Le *Thésée* de Parrhasios a été nourri de roses, et le mien, de chair. » L'artiste se servit même du terme encore plus énergique de « viande de bœuf ». Le mot est expressif, et tous les artistes en comprendront la valeur ; il représente bien ce que, dans cette œuvre, la couleur avait de chaud et de fort. Elle ne sentait nullement la palette ; le peintre avait rejeté les tons factices et artificiels ; et, transfigurant en quelque sorte les couleurs grossières dans lesquelles il trempait son pinceau, il les avait revêtues de l'aspect de la vie.

---

[1] Plin., *N. H.*, XXXV, 5, 11. Le témoignage de Denys d'Halicarnasse est d'accord avec celui de Pline. Aux peintures de la vieille école il oppose celles de l'école nouvelle : σκιᾷ τε καὶ φωτὶ ποικιλλόμεναι καὶ ἐν τῷ τῶν μιγμάτων πλήθει τὴν ἰσχὺν ἔχουσαι. Dion. Hal., *de Isæo*, 4. C'est le commentaire du mot de Pline, *splendor*. Il est vrai que, selon Denys, le dessin perdit ce que gagna l'exécution.

Mais ce qui était surtout admirable, c'était le coloris d'Apelle dont la célébrité se maintint jusqu'aux âges de la plus lointaine décadence. On sait combien le clair-obscur de ce maître était savant. Toute l'antiquité a célébré dans son portrait d'Alexandre représenté en Jupiter tonnant le relief admirable des doigts et de la foudre qui, disait-on, paraissaient sortir du tableau. A ce clair-obscur s'alliait, évidemment, un coloris d'égale force. La femme avait enfin trouvé un peintre digne d'elle. Elle devait en cela un hommage à l'auteur de cette ravissante figure, la *Vénus Anadyomène*, qui, dans sa brillante nudité, s'élevait au-dessus des flots pourprés de la mer, tenant près de ses blanches joues sa chevelure qu'elle pressait pour en exprimer l'écume de la vague. Si dans sa *Vénus* l'artiste avait fait admirer les tons les plus suaves et les plus frais, ces nuances de blanc et de rose fondues dans un si harmonieux mélange [1], dans sa *Pakaté*, il avait montré des colorations plus brunes, prouvant ainsi la souplesse d'un pinceau qui, libre de tout procédé et de toute convention, savait imiter la nature et en reproduisait l'admirable variété. Grâce à son art, on devinait dans les chairs les plus délicates le sang, chaud et coloré, circulant sous l'épiderme [2].

Ce grand peintre avait un si vif sentiment de la couleur qu'il avait inventé un vernis particulier pour donner à ses tableaux un ton savamment calculé. Les propriétés en étaient merveilleuses. Étendu sur la peinture, quand elle était terminée, en une couche très mince, — si mince qu'elle ne se laissait voir que lorsqu'on s'approchait assez près pour y toucher, — il donnait du brillant à cette peinture. Mais en même temps, par un résultat qui semble d'abord contraire, il tempérait l'éclat de certaines couleurs. L'effet se produisait à distance et par un mystérieux artifice. Toutes ces habiles combinaisons nous sont expliquées par Pline [3], et le petit détail dans lequel il entre à cet

---

[1] *Ille fusus et candore mixtus rubor,* Cic., *de Nat. deor.,* I, 27, 75.

[2] Dans sa *Vénus* on remarquait *quædam sanguinis similitudo.* Cic., *l. c*, et dans sa *Pakaté* τὸ σῶμα μὴ ἄγαν λευκὸν, ἀλλὰ ἔναιμον ἁπλῶς. Luc, *Imag.* 7. Cette Pakaté était une belle esclave dont Alexandre avait fait présent au peintre.

[3] Plin., *N. H.,* XXXV, 10, 36 : *absoluta opera atramento illinebat... cum ratione magna, ne claritas colorum aciem offenderet veluti per lapidem specularem intuentibus et e longinquo eadem res nimis floridis coloribus austeritatem occulte daret.*

égard nous prouve l'attention que les artistes avaient accordée à ce procédé du peintre. Mais il paraît que, si avides qu'ils fussent de dérober à leur émule le secret d'une invention dont celui-ci était jaloux, le maître avait su le garder pour lui.

Ce qui montre incontestablement que le coloris joue désormais dans la peinture un rôle très important, privilège réservé primitivement au dessin, c'est qu'il éveille la critique. A partir de l'époque dont nous parlons on trouve en effet chez Pline des observations sur le coloris de certains peintres. Qu'il est regrettable qu'elles soient si rares et si brèves ! Elles seraient si instructives pour nous ! Mais on sait combien Pline est sobre de remarques techniques. Il faut se contenter de deux ou trois mots qu'il jette en passant. Toutefois, ces mots ont du prix parce que ce sont évidemment des appréciations d'artistes et de connaisseurs. Il n'est permis en effet qu'à des juges éclairés de critiquer les maîtres. Or, quel maître qu'Aristide, ce peintre si savant dans l'expression morale, dans la peinture des caractères et des passions, auquel on devait cette scène émouvante, admirablement rendue, d'un enfant se traînant vers le sein de sa mère qui, blessée, expirait ! On admirait ce beau talent ; mais on lui reprochait un défaut : un peu de dureté dans le coloris [1]. Un autre artiste, dont les œuvres étaient fort prisées, à la fois élève d'Euphranor et maître de Nicias, deux peintres éminents, Antidotos, avait, disaient les connaisseurs, une couleur sévère [2]. Dans un parallèle qu'on établissait entre Nicias et Athénion, on donnait quelquefois la préférence à ce dernier. Nicias était pourtant réputé comme un maître du clair-obscur ; mais, dans le coloris, Athénion paraissait lui être supérieur, parce qu'ayant une couleur plus austère il était, avec cette austérité même, plus agréable ; et ce charme, à quoi était-il dû ? à la science de l'artiste qui brillait dans la peinture même [3]. Avec Nicophane, disciple de Pausias, on retrouve la critique que nous avons vue adressée à Aristide. Les artistes louaient chez ce peintre la probité et la conscience, ce soin extrême de l'exécution que, seuls, ils

---

[1] Plin., *N. H.*, XXV, 10, 36.

[2] Id., *ibid.*, XXXV, 11, 40.

[3] Id., *ibid.*, *austerior colore et in austeritate jucundior, ut in ipsa pictura eruditio eluceat.*

peuvent apprécier. Mais on lui reprochait d'avoir un coloris dur et, de plus, de donner dans le jaune [1].

Cette dureté dans le coloris dénoncée deux fois, au milieu d'un si petit nombre d'observations, ne prouve-t-elle pas combien la qualité contraire était appréciée par les connaisseurs ? Remarquons aussi ce qui nous est dit de la peinture « savante » d'Athénion. Le témoignage est précieux à relever : ainsi, la science du coloris était, dans l'école grecque, poussée à sa dernière limite à l'époque dont nous nous occupons. Voilà un artiste qui dédaigne d'employer les vulgaires séductions de la couleur : il plaît parce qu'il est fort.

Pourquoi faut-il que dans l'art, comme dans la poésie, un temps si court soit assigné à la perfection ? Il arriva bien vite un moment où la science dont nous parlons, perdant pour ainsi dire conscience d'elle-même, s'égara, et, dégénérée, s'épuisa en raffinements et en subtilités. Au grand art si simple dans ses moyens succéda la « manière » si féconde en artifices. La sobriété des maîtres parut indigence de génie à une imagination déréglée. Le coloris ne se bornant plus à plaire chercha à éblouir. De là un luxe excessif de couleurs prodiguées par un pinceau fastueux ; ce qu'on demanda à la peinture, ce fut la richesse et l'opulence de tons éclatants. Ces caprices et ces fantaisies annoncent que l'art n'est plus. Au temps de Pline, la peinture expirait. Il n'entre pas dans notre plan de suivre les phases de ce déclin et d'en expliquer les causes. Il nous suffira d'avoir indiqué celle qui nous intéresse ici. Revenons maintenant à l'art des maîtres, et cherchons à pénétrer les secrets de la couleur telle qu'ils l'ont entendue et pratiquée. Si nous entrons dans quelques détails techniques, on voudra bien nous le pardonner, la présente étude ne pouvant avoir son prix qu'à condition de ne pas les éviter.

---

[1] Plin., *N. II.*, **XXXV**, 11, 40. *Sunt quibus et Nicophanes placeat diligentia quam intelligant soli artifices, alias durus in coloribus et sile multus.*

II

Simplicité du coloris dans la peinture antique. — La palette d'un peintre au
v⁰ siècle av. J.-C. — De quelles couleurs se servaient les anciens.

Il n'est pas douteux que le coloris des anciens n'ait été différent de
celui des modernes. La perception des couleurs est une chose très
délicate. L'œil diffère beaucoup selon les individus ; chez les artistes,
il offre aussi de grandes diversités dans la manière de voir les couleurs. Tout cela dépend de sa nature, de l'éducation qu'il a reçue,
des impressions qu'il a subies. L'histoire de la peinture nous montre
des colorations opposées dans les diverses écoles. Le coloris de l'école
romaine n'est point celui des Vénitiens, lequel à son tour ne ressemble
pas au coloris flamand. Non seulement des traditions se fondent pour
la couleur, comme pour tout le reste, dans une même école qui
adopte la manière de voir d'un grand maître ; mais il semble que la
nature du climat influe aussi sur les habitudes de la vue. La limpidité
d'un ciel toujours serein ou les brumes d'une humide atmosphère
donnent un aspect varié aux couleurs. La lumière de l'Orient révèle
à l'œil certains effets. Sans aller jusqu'à Constantinople pour se rendre compte de ces impressions, il suffit de visiter notre Algérie. Là,
en effet, on est déjà en Orient : les mœurs, les costumes, les cons-
tructions, la nature, tout est oriental. Sous ce ciel bleu, d'un éclat
toujours rayonnant, tous les objets ont une apparence nouvelle pour
des yeux accoutumés aux horizons nébuleux. Que l'étranger qui
débarque à Alger aille seulement s'asseoir quelques instants. sur le
boulevard, à l'heure de midi, sous l'ombre fraîche d'une tente. Il verra
à quelques pas de lui, sur la chaussée ardente, passer dans un pittoresque défilé toutes sortes de personnages, arabes, maures, biskris
avec leurs caravanes de petits ânes alertes chargés de gravois. Une
puissante lumière inonde et embrase tout ; les rouges des ceintures
et les blancs des burnous étincellent ; de chauds reflets, envoyés par
le sol, dorent ces paniers suspendus aux flancs des ânes. Il n'est pas

jusqu'à ces petits mendiants arabes, garçons et fillettes, se pressant et s'agitant autour de l'étranger avec une étourderie folle, qui ne prennent un magnifique aspect. Ils ont une beauté d'effet et d'éclat qui dépasse toute expression. La pourpre la plus riche n'égalerait pas alors cette laine grossière dont ces fillettes s'enveloppent ; leurs haillons sont transfigurés par la splendeur de la lumière. Le ciel de la Grèce et de l'Asie, si beau aussi, n'aura-t-il donc pas inspiré aux peintres grecs un vif sentiment de la couleur ?

Le caractère fondamental de leur coloris paraît avoir été une extrême simplicité de moyens.

« C'est avec quatre couleurs seules, dit Pline l'Ancien, le mélinum pour les blancs, le sil attique pour les jaunes, la sinopis du Pont pour les rouges, l'atrament pour les noirs, qu'Apelle, Échion, Mélanthe, Nicomaque ont exécuté des œuvres immortelles, peintres si célèbres dont un seul tableau s'achetait au prix des trésors des villes [1]. »

Et Pline, remarquant que, quoique les couleurs se fussent multipliées plus tard, l'art n'y gagna absolument rien, ajoute :

« Aujourd'hui que l'Inde nous envoie le limon de ses fleuves, le sang de ses dragons et de ses éléphants, il n'y a plus de chef-d'œuvre. Donc, tout a été meilleur quand les ressources étaient moindres. Oui, il en est ainsi, et cela parce qu'on s'attache à la valeur de la matière et non à celle du génie [2]. »

Un grand peintre anglais qui a beaucoup écrit sur son art, qui l'à étudié et analysé en savant, Josua Reynolds, a dit : « Ce qui me fait juger favorablement du coloris des anciens, c'est qu'ils ne se servaient que de quatre couleurs. « Et, en effet, le génie, c'est-à-dire le don divin joint à une science consommée, voilà ce qui fait le grand coloriste. Peu de matière lui suffit pour produire ses plus surprenants effets. Le vulgaire croit volontiers que le beau coloris consiste dans

---

[1] Plin., *N. H.*, XXXV, 6, 32. Qu'on ne s'étonne pas de ne pas trouver le bleu parmi ces couleurs. Le peintre, à qui ce ton est indispensable, peut le demander à certains noirs. Pline parle d'un beau noir tiré de la lie de vin brûlée qui avait le ton de l'indigo. Aujourd'hui, avec le noir de pêche et le blanc, on obtient des bleus très fins.

[2] Id., *ibid.*

la multiplicité des couleurs éclatantes. Or, rien n'est plus contraire à la vraie notion de la couleur que ce vain et pompeux étalage. Avec du gris, Velasquez a été un éminent coloriste. Qu'est-ce que le savant coloris et de quoi dépend-il ? du juste rapport des tons entre eux, soit dans l'ombre et dans la lumière, soit sur différents plans ; de cette exactitude parfaite, résultent la vérité et l'harmonie. C'est la qualité fondamentale, indispensable ; si l'on y joint un heureux choix de nuances, alors le coloris deviendra intéressant. Les peintres apprécient avec une délicatesse infinie ce qu'ils appellent la « qualité » d'un ton, d'un jaune, d'un rouge, d'un vert. Il y a en effet des tons vulgaires, ou distingués, fins ou riches, brillants ou sourds. Les gris de Velasquez dont nous parlions tout à l'heure sont d'une nature exquise, des gris nacrés et argentés, d'un aussi grand prix que les rouges éclatants de Rubens. Ce n'est pas tout : la valeur des tons ne tient pas seulement à leur beau choix, mais à leur assortiment ; et c'est ici qu'éclate surtout la science du peintre, c'est dans ces combinaisons de tons modifiés, atténués, exaltés par leur voisinage et leur influence réciproque qu'elle se déploie. Ajoutons enfin un dernier trait. Il y a dans la couleur deux éléments bien distincts : le ton, ou l'apparence colorée, et la valeur du ton, ou le degré de clair ou d'obscur que le ton présente. De ces deux éléments, le premier et le plus important est la valeur. La couleur proprement dite est un charme exquis pour les yeux ; mais ce qui fait la justesse et la force de toute représentation en peinture, c'est l'exacte observation des valeurs. Le vrai coloriste est donc moins celui qui assortit les nuances avec art que celui qui établit les valeurs avec une parfaite vérité.

On voit par ce que nous venons de dire que la science du coloriste est à la fois très compliquée dans ses artifices et très simple dans ses ressources. Quoiqu'elle ne dédaigne pas la richesse et la variété des couleurs qui ont pour nos yeux une séduction inexprimable, ce n'est pourtant pas ce qu'elle requiert avant tout. Elle s'en passe même volontiers et ne triomphe jamais mieux que lorsque, par un dernier effort, elle a limité ses moyens. Cette discrétion savante et cette exquise sagesse étaient trop dans le goût antique pour ne pas avoir été la loi de la peinture, de même qu'elles inspiraient la poésie : de là la sobriété excessive de la palette des peintres anciens. Cette sobriété, Pline l'atteste, même pour les plus éminents d'entre eux, même pour les maîtres de la grande époque, pour un Apelle. Son témoignage est

irrécusable ; il puise ses renseignements dans de savants traités, dus
à des artistes, qu'il avait sous les yeux. On a cependant révoqué en
doute la vérité de son assertion à l'égard d'Apelle [1]. Il a paru impossible qu'un si grand artiste se fût borné, pour produire des chefs-
d'œuvre, à de si faibles ressources. Pline est pourtant on ne peut plus
affirmatif sur ce point. Non seulement il nomme Apelle parmi les
peintres qui ne se sont servis que de quatre couleurs, comme nous
l'avons vu ; mais encore dans un passage où il énumère les plus
belles œuvres du maître, il s'interrompt pour dire : « Que le lecteur
se souvienne bien que c'est avec quatre couleurs que tous ces ouvrages
ont été faits [2]. » Cette insistance est significative. Il faut donc admettre que c'est avec une si modeste palette, librement acceptée, que le
pinceau d'Apelle se jouait des plus grandes difficultés de la couleur.
Du reste, ne dit-on pas communément dans les ateliers que Rubens,
un si grand coloriste, ne se servait que de sept couleurs ? C'est en
effet un principe d'exécution de ne pas mêler et brouiller ensemble
trop de couleurs ; cela nuit à la franchise et à la solidité du ton. Selon
Couture [3], trois tons apportent déjà dans le mélange ce qu'il appelle
un « principe morbide », c'est-à-dire un germe de décomposition [4].
Il n'y a de peinture viable que celle qui a été traitée avec une grande
simplicité de moyens. Aujourd'hui, il est vrai, on déroge à une règle
si sage. Ceux qui se vantent de peindre le plus simplement sont
ceux-là même qui, en secret, chargent leur palette de plus de couleurs. Mais cela tient à la mode qui règne actuellement en peinture.

---

[1] *Non dubitari potest quin illa Plinii verba cum grano salis, ut ita dicam, intelli-
genda sint.* Blümner, *de Locis Luciani ad artem spectantibus,* p. 34. Cf. Brunn., II,
225 sq.

[2] Plin., *N. H.,* XXXV, 10, 36.

[3] Couture, *Entretiens d'atelier,* 1re partie.

[4] Il est curieux de trouver dans Plutarque une observation qui se rapporte à
celle de Couture. Expliquant pourquoi le mot φθορά a été employé pour désigner
la « rupture des tons », il dit : « Les substances chargées de corps hétérogènes
s'altèrent plus facilement que celles qui sont simples et sans mélange. Les parties
étrangères qui s'y trouvent mêlées sont dans un état de combat qui y produit un
changement. Or, la corruption est une espèce de changement ; aussi les peintres
donnent-ils au mélange des couleurs le nom de corruption » Plut., *Sympos. pro-
blem.,* VIII, 5.

Comme on dédaigne maintenant « l'effet » qui faisait autrefois le prix et l'intérêt d'un tableau, on se dédommage par une recherche, très louable d'ailleurs, du « ton fin », des nuances délicates ; ce qui oblige de recourir à une certaine quantité de couleurs. Comment, par exemple, si l'on se borne à l'usage d'un jaune unique, obtenir, dans le paysage, ces verts variés, doux ou brillants, les uns noyés dans les vapeurs d'un lointain, les autres étalés avec éclat au premier plan ?

Mais revenons aux anciens. Un art si merveilleux par sa simplicité n'a rien qui étonne chez eux. En l'admirant on voudrait en connaître les secrets ; mais, malheureusement, les ouvrages qui nous les eussent révélés ont été détruits par le temps. Il nous reste pourtant un vieux document qui nous montre cet art à son origine, dans sa rudesse primitive. La théorie de la couleur, dans l'antiquité, appartenait au domaine de la philosophie. Bien avant Aristote, Démocrite s'en était occupé. Sa doctrine sur le mélange des couleurs a un intérêt archaïque. En effet, ce philosophe était né, selon les uns, l'an 490 av. J.-C., ou suivant d'autres, l'an 470. C'est donc la palette d'un peintre du vᵉ siècle avant l'ère chrétienne qui nous a été conservée, d'un peintre de l'époque de Périclès (né vers 494). Elle est antérieure même à Polygnote qui florissait vers 396. Or, c'était l'école toute primitive ; car, lorsque Quintilien indique les différentes époques de l'art, il mentionne d'abord Polygnote avec Aglaophon, en déclarant que ces deux peintres sont les premiers dont on puisse regarder les œuvres avec un autre intérêt que celui qui s'attache à la vétusté. Ce document est donc curieux. Seulement la détermination exacte des tons et des nuances étant impossible lorsqu'ils ne sont pas fixés par la couleur d'un objet naturel, on ne peut que soupçonner ce qu'il serait si intéressant de connaître complètement, savoir les procédés et les méthodes des primitifs dans le mélange des couleurs.

Selon Démocrite, il y a quatre couleurs primitives, le blanc, le noir, le rouge et le jaune. Ce sont ces couleurs, dites simples, qui servent à former toutes les autres par leurs combinaisons différentes :

« Ainsi, le ton de l'or et de l'airain, et tout autre analogue, s'obtient par le mélange du blanc et du rouge ; du blanc il reçoit son éclat, du rouge, sa nuance. Si l'on y ajoute une pointe de jaune, alors le ton est très beau. Il faut une petite quantité de jaune ; avec cette base de blanc et de rouge, une plus grande n'irait pas. Les couleurs sont différentes selon le plus ou le moins qui entre dans le mélange. Le ton pourpre se fait avec du rouge, du noir et du blanc, dans cette proportion : trois parties de rouge pour deux de noir et une de blanc. Ainsi composé, il est très agréable à l'œil. Que le rouge et le noir entrent dans la composition de ce ton, c'est ce qui se voit aisément. Quant au blanc, le brillant et la transparence du ton révèlent sa présence. On obtient le ton indigo par le mélange du noir et du jaune, le noir en bien plus grande quantité. Le vert se compose avec le jaune et le pourpre. Le ton soufre est analogue ; pour le faire on ajoute du blanc au mélange précédent. Le noir (avec une nuance de bleu) est une combinaison de l'indigo et du rouge. Le jaune mêlé au noir donne le brun. Si l'on ajoute plus de jaune, ce brun s'éclaire, l'opacité du ton se trouvant détruite. Que l'on mette ensemble du rouge et du blanc, on a un jaune brillant. Voilà les mélanges qui rendent les couleurs innombrables ainsi que les saveurs. On ôte, on ajoute, on met plus ou moins ; et ainsi aucun ton ne ressemble à l'autre [1] ».

Un savant professeur de Gœttingue, Mayer, avec une patience vraiment allemande, a calculé, que par l'effet de ces différentes combinaisons, les quatre couleurs des anciens étaient susceptibles de 819 changements. A vrai dire, il n'y a que trois couleurs : le rouge, le jaune et le bleu ; ce sont les couleurs mères ; les autres sont des couleurs que l'artiste compose lui-même avec ces premières ; l'orangé, mélange du rouge et du jaune ; le vert, combinaison du jaune et du bleu ; et le violet fait avec le bleu et le rouge. Ces composés eux-mêmes se modifient à l'infini selon la proportion de chacune des deux couleurs entrant dans le mélange ; et si vous en ajoutez une troisième, que de diversités de nuances nouvelles ! Il y a encore d'autres combinaisons, et celles-là plus savantes, fondées sur ce principe que certaines couleurs, mêlées et fondues ensemble, s'entre-détruisent et s'annulent. Ainsi, le rouge, le jaune et le bleu combinés donnent un ton neutre, un gris dont les nuances peuvent être habilement variées selon que l'on fait prédominer l'une ou l'autre couleur dans la composition [2].

---

[1] Théophraste, *de Sensu et sensibilibus*, XIII, 76.

[2] Les anciens avaient étudié à fond toutes ces combinaisons : $\tau\grave{\alpha}$ $\pi\alpha\theta\acute{\eta}\mu\alpha\tau\alpha$ $\varkappa\alpha\grave{\iota}$

Mais n'insistons pas. Nous n'entrons dans ces détails techniques que pour montrer combien de richesses offre au coloriste la plus simple palette. Si d'illustres peintres de l'antiquité ont réduit la leur à quatre couleurs, c'est qu'ils se sentaient très forts, n'en doutons pas ; et, loin d'en concevoir un préjugé défavorable à leur coloris, nous devons conclure de là qu'ils excellaient dans cette partie de l'art. Ce qu'il y a de certain, c'est que si leur talent avait réclamé des moyens d'expression plus considérables, ils ne possédaient guère moins de ressources que l'artiste moderne dont la chimie enrichit tous les jours la palette. Peut-être n'est-il pas inutile, pour s'en convaincre, de jeter un coup d'œil sur les couleurs dont usaient les peintres anciens. Cette revue rapide nous permettra de recueillir çà et là quelques détails curieux. Nous verrons telle couleur découverte ou adoptée par tel maître, telle autre réservée pour de certains effets, l'histoire d'une troisième liée à l'histoire même de l'art et du goût [1].

Parmi les jaunes dont se servaient les anciens, il y avait en particulier les ocres, ce qu'on appelait les « sils ». Polygnote et Micon les premiers employèrent le sil, mais seulement le sil attique. C'était le meilleur ; le ton en était clair. L'âge suivant le réserva pour les lumières et employa pour les ombres le sil de Scyros et celui de Lydie. Le scyrique était foncé. Probablement ces deux couleurs répondaient à notre ocre jaune et à notre ocre de ru. Plus tard, Apelle ne garda sur sa palette que le sil attique, obtenant sans doute par un mélange la valeur du scyrique. Il y avait aussi le sil de la Gaule, le sil de l'Achaïe, celui-ci également en usage pour les ombres, le sil marbré, d'une qualité inférieure. On voit combien, pour une seule couleur, il y avait de variétés. Tel peintre affectionnait ce ton, comme ce Nicophane qui, nous l'avons vu, prodiguait le jaune.

La gamme des rouges n'était pas moins riche. Le plus beau était le cinabre, que les latins appelaient minium. « C'est la seule couleur qui en peinture rende parfaitement le sang », dit Pline [2]. C'était avec

---

τὰς μεταβολάς, ἃς ὤχρᾳ μιχθεῖσα σινωπὶς ἴσχει καὶ μέλανι μηλιάς. Plut., de Defect. oracul., 47.

[1] Consulter sur ce sujet Plin., *N. H.*, XXXV, 6-7, 12-32 ; voir aussi XXXIII et XXXIV, *passim* ; Vitruve, VII, 7-14.

[2] *Neque est alius colos qui in pictura proprie sanguinem reddat.* Plin., *N. H.*, XXXIII,

cette couleur que les primitifs peignaient les tableaux désignés sous le nom de monochromes. Les peintres se servirent d'abord du minium d'Ephèse ; mais ils l'abandonnèrent à cause des soins qu'exigeait l'entretien de tels tableaux. Toutefois, la principale raison qui les fit bannir cette couleur de leur palette, c'est qu'ils lui reprochaient un éclat dur[1] ; trop violente, elle déplaisait à la sobriété de ces sages coloristes. C'est alors qu'ils passèrent à l'emploi de la sinopis. Ce qu'il y a de curieux, c'est que les peintres revinrent plus tard au minium. Mais c'était à une époque de décadence, lorsqu'au goût exquis de la belle époque avaient été substitués tous les raffinements de la couleur. « Tandis que les anciens, dit Vitruve, ne recherchaient et n'estimaient que le talent de l'artiste et la perfection du travail, aujourd'hui, on n'estime qu'une seule chose, qui est l'éclat des couleurs. La science du peintre n'est plus comptée pour rien. » Aussi qu'arriva-t-il ? C'est que le minium, dont autrefois on usait avec discrétion, était prodigué du temps de Vitruve ; on en couvrait même des murailles entières. C'est ainsi que les seules vicissitudes d'une couleur nous permettent de suivre dans l'art les progrès et le déclin du goût.

La sinopis, pour laquelle les peintres abandonnèrent le minium, avait sans doute un éclat plus tempéré, mais était aussi un ton très riche. C'est celui que les maîtres employaient lorsqu'ils voulaient mettre dans un sujet une note brillante[2]. Elle formait alors la « tache » principale du tableau. C'est ainsi que dans ses toiles éclatantes Rubens disposait un ou deux rouges d'un puissant effet. Il y avait, du reste, trois espèces de sinopis, chacune d'une valeur de coloration différente. La dernière, qu'on appelait la « foncée », avait un ton très brun. C'était la sinopis du Pont qu'Apelle et Mélanthe avaient sur leur palette.

Outre ces rouges, il y avait encore la rubrique de Lemnos qui approchait beaucoup du minium, et la sandaraque qui, pour être

7, 38. Le minium était une couleur chère. La loi avait dû intervenir pour en fixer le prix. C'était une des couleurs fournies au peintre par celui qui faisait une commande.

[1] *Nimis acre existimabatur.* Plin., XXXIII, 7, 39.

[2] *Hac usi sunt veteres ad splendorem.* Plin., XXXV, 6, 13.

bonne, devait avoir la couleur de la flamme. Il y avait enfin, dans des tons plus sombres, l'ocre brûlée et la céruse brûlée, analogues toutes deux sans doute à notre ocre rouge.

La découverte de cette dernière couleur était, disait-on, due au hasard, de la céruse ayant été brûlée dans des vases lors de l'incendie du Pirée. Le premier qui s'en servit fut le peintre Nicias. A peine connue, elle prit sur la palette un rang important. « Sans la céruse brûlée, dit Pline, on ne peut faire les ombres [1]. » Cette remarque de Pline, qu'il a recueillie dans quelque traité de peinture, rapprochée du nom de Nicias, peut donner lieu à quelques réflexions. Nicias était un très grand peintre, si passionnément occupé de son art que la légende lui attribuait les distractions les plus piquantes. Ce qu'il avait surtout de distingué, c'était son modelé. Ses tableaux présentaient le plus beau relief, tant il possédait la science de l'ombre et de la lumière. N'est-ce donc pas une chose digne de remarque que cet artiste qui avait, avec tant de soin, étudié l'ombre, se soit servi, pour la peindre, d'une couleur comme la céruse brûlée, qui avait un ton chaud [2] ? Peut-être en faisait-il un usage analogue à celui de la terre de Sienne brûlée que nos peintres emploient volontiers comme « dessous » pour donner à l'ombre de chauds reflets. Ceux-ci, après avoir ébauché avec cette couleur, font jouer sur ce premier ton d'autres tons plus frais. Peut-on prêter à l'artiste ancien un artifice analogue ? Il semble, du reste, d'après l'expression de Pline, qu'on doive attribuer au procédé dont il parle l'importance d'une méthode. Quoi qu'il en soit, il y avait dans l'adoption si empressée de cette couleur nouvelle une préoccupation de coloriste qui doit être signalée chez un artiste grec.

Le blanc et le noir étaient aussi très bien représentés sur la palette des anciens. Sans parler de la céruse ou blanc de plomb, il y avait deux terres employées avec avantage par les peintres : celle d'Érétrie dont s'étaient servis Parrhasios et Nicomaque ; et celle de Mélo à laquelle Apelle avait donné la préférence. Les artistes, qui rejetaient

---

[1] *Sine usta non fiunt umbræ.* Plin., XXXV, 6, 20.

[2] Id., XXXIV, 18, 54 : *Cerussa si coquatur, rufescit.* Cette couleur ressemblait à la sandaraque ; la meilleure, celle d'Asie, s'appelait *purpurea.*

le blanc de Samos parce qu'ils lui trouvaient un ton opaque et lourd[1],
avaient évidemment choisi celui de Mélo pour les qualités contraires :
parce que la pâte en était fine et légère. Du temps de Pline, le mélinum eut pour émule la craie annulaire qui avait beaucoup de brillant et dont les peintres se servaient « pour donner de la lumière
aux figures de femme [2] ». Mais vainement, quand l'art s'appauvrit,
la matière devient-elle plus riche. Apelle n'avait pas eu besoin de
cette ressource pour donner tant d'éclat aux carnations de sa *Vénus*.
Le grand artiste sait tirer les tons les plus fins de la plus grossière
matière.

Quant aux noirs, on voit, dès le premier âge de la peinture, Polygnote s'en préoccuper. Micon et lui en fabriquent un avec du marc
de raisin ; d'autres artistes en tirent un autre de la lie de vin dessé-
chée et calcinée. Plusieurs vont en chercher jusque dans des sépul-
cres d'où ils enlèvent des charbons à demi brûlés. Ajoutez à ces
couleurs le noir de fumée et le noir d'ivoire qu'Apelle invente.

Il n'entre pas dans notre plan de poursuivre cette nomenclature
qui, peut-être, paraîtra déjà longue. Nous avons seulement voulu
donner un aperçu des couleurs dont disposaient les anciens. Ils en
avaient beaucoup d'autres encore : des rouges : le purpurissum et la
sandyx ; des bleus : le cœruleum, l'armenium et l'indicum ; des
verts : la chrysocolle, le prasinum, le vert appien, etc. Toutes ces
couleurs étaient classées d'après un principe très rationnel, celui de
la valeur. Voici en effet comment on établissait l'échelle des tons :
d'abord, aux deux extrémités, le blanc et le noir ; ensuite les couleurs
qui se rapprochent le plus du blanc, comme le jaune, et celles qui
se rapprochent le plus du noir, comme le bleu ; enfin les intermé-
diaires : d'un côté le rouge, de l'autre le brun[3]. Aujourd'hui, se
réglant sur le même principe, on dispose volontiers le blanc au
centre de la palette pour faire rayonner autour, selon leur degré
d'intensité de ton, toutes les autres couleurs.

---

[1] *Eo non utuntur pictores propter nimiam pinguetudinem.* Plin., XXXV, 7, 19.

[2] *Annulare quod vocant candidum est, quo muliebres picturæ illuminantur.* Id.,
XXXV, 6, 3o.

[3] Suidas, *Lex.*, au mot φαιόν.

Un texte curieux [1] semble indiquer d'une manière exacte les couleurs qui chargeaient la palette ordinaire des anciens. Le passage auquel nous faisons allusion renferme en effet des détails très précis sur la langue des peintres [2] ; sur les termes qui étaient employés pour désigner les différentes parties de leur art et leur matériel, comme panneaux, chevalet, pinceaux, cire et couleurs. Celles-ci sont au nombre de douze : le blanc, le jaune, le jaune safran, la couleur de chair, le rouge clair (ton de la flamme), le cinabre (rouge sang), le pourpre, le vert (vert porreau), le gris, le brun, le bleu et le noir [3].

Laissons maintenant ces détails techniques, et de l'étude des couleurs revenons à la science qui les combine et les assortit. Nous avons vu cette science à son début, constituée par des procédés élémentaires et des recettes grossières ; c'est celle de l'enlumineur dont l'esprit étroit est asservi à certaines formules ; ce n'est pas celle de l'artiste dont le pinceau, libre et fier, n'obéit qu'aux inspirations du génie et se crée à lui-même ses propres ressources. Nous allons maintenant étudier cette dernière. C'est Aristote qui va nous apprendre que les anciens possédaient les vrais principes de la couleur.

III

Science du coloris chez les anciens. — Toutes les modifications dont la couleur est susceptible sont étudiées par eux avec une rare sagacité d'observation ; page remarquable d'Aristote.

On trouve dans différents traités d'Aristote [4] des notions sur la couleur. Il y a même de lui sur cet objet un ouvrage spécial. Sans

---

[1] Pollux, *Onom.*, VII, 129.

[2] Trois termes servent à désigner l'application de la couleur : χρῶσαι, *peindre*, ἐπιχρῶσαι, *poser les tons*, ἀποχρῶσαι, *fondre les tons*.

[3] Voici les noms grecs : λευκόν, ξανθόν, κροκοειδές, ἀνδρείκελον, φλογόλευκόν, κιννάβαρι, ὄστρεον, πράσινον, λευκόφαιον, φαιόν, κυανοῦν, μέλαν. Le jaune brillant d'Édouard peut donner une idée très juste de la couleur appelée ἀνδρείκελον.

[4] Dans le *de Sensu et sensibili*, le *de Anima*, les *Meteorologica* et le *de Coloribus*.

doute, ce philosophe étudie avant tout la couleur en physicien, et ses analyses se rattachent à un ensemble d'idées sur l'âme et sur les sens, à sa théorie de la perception, à ses observations sur divers phénomènes de la lumière, par exemple, l'arc-en-ciel. Mais il n'en est pas moins vrai que les considérations du savant le conduisent souvent dans le domaine de l'art ; que, parmi tant d'observations judicieuses et profondes, il y en a beaucoup que les artistes lui ont inspirées ou dont ils pouvaient profiter à leur tour. Aristote ne considère pas seulement la nature et les éléments de la couleur ; il en observe aussi les diverses apparences. Or, la couleur, non pas telle qu'elle est, mais telle qu'elle apparaît aux yeux de l'observateur, n'est-ce pas là l'objet des études incessantes de l'artiste ? Les différentes combinaisons de cette couleur, ses modifications variées, ses effets dans les oppositions et les contrastes, sa perspective, etc., voilà ce qu'Aristote explique avec la justesse et la netteté merveilleuses de son génie. Quoi de plus intéressant que d'entendre un tel homme indiquer ces belles lois et d'apprendre de lui ce que les anciens en ont connu ? Leur science, en cela, était égale à la nôtre ; et, quand ces curieux écrits où ils l'avaient consignée ont disparu, détruits par le temps, n'est-il pas précieux de pouvoir, sinon considérer pleinement leur doctrine, du moins l'entrevoir dans les uniques monuments qui nous en restent ?

Diverses allusions directes aux peintres nous prouvent qu'Aristote avait été initié à leurs procédés et à leurs secrets. Et comment en eût-il été autrement ? Comment un esprit aussi investigateur, aussi curieux que le sien, qui avait tout pénétré et tout analysé, serait-il resté étranger aux spéculations et aux pratiques d'un art alors dans tout son éclat ? Aristote appartient en effet au siècle d'Alexandre, l'âge le plus brillant de la peinture chez les Grecs. Que d'artistes éminents, remarquables par des qualités diverses, se groupent autour du grand homme qui domine cette glorieuse époque, les Pamphile, les Mélanthe, les Antiphile, les Théon, les Protogène, enfin l'illustre Apelle, ce dernier surtout les surpassant tous par la perfection de son studieux génie. On sait que ce peintre éminent jouissait de l'intimité du prince qui le visitait très souvent dans son atelier et dont il fit maintes fois le portrait. Également familier d'Alexandre dont il avait élevé la jeunesse, Aristote devait souvent se rencontrer avec l'artiste. L'histoire nous le montre aussi en relation avec Protogène, l'émule d'Apelle. Protogène fit en effet le portrait de la mère du philosophe. Celui-ci, s'entretenant avec le peintre, lui conseillait de s'assurer l'immortalité en peignant les grandes actions du monarque macédonien, réservées à une éternelle mémoire. N'est-il pas vraisemblable que ces causeries étaient entremêlées de propos sur la peinture, et que le grand artiste satisfaisait la curiosité du savant en lui découvrant quelques secrets d'un art qu'il aimait avec passion et sur lequel il avait écrit? D'ailleurs, on doit supposer qu'à ce moment, au milieu de la riche efflorescence de tant de talents, il y avait une foule d'idées répandues sur l'art qu'Aristote n'a eu qu'à recueillir, et que ce génie positif et pratique, écrivant sur la couleur, ne s'est pas passé de l'expérience de ceux qui en possédaient la science. On peut donc accepter sans crainte ses théories sur ce sujet comme reproduisant les idées des artistes de son temps.

Toutefois, en interrogeant le savant sur le coloris, il faut user de discrétion et de mesure pour dégager de la doctrine philosophique ce qui peut appartenir à la pratique des peintres ; il faut surtout distinguer dans toutes les théories le fait observé et l'explication scientifique qui en est donnée. Cette dernière peut être fausse sans que pour cela le premier soit moins juste. Que les anciens aient représenté les couleurs par des nombres ; que, d'après ces nombres, ils aient établi entre elles des rapports ; que ces rapports aient été arithmétiques ou proportionnels ; qu'on ait procédé ainsi à l'égard des sons, tout cela appartient à une théorie scientifique qui peut être erronée. Nous ne nous préoccupons pas de discuter ces doctrines. Mais ce qu'il nous importe de constater, ce sont les vérités qui se dégagent du sein de l'erreur ; c'est que ces mêmes anciens ont reconnu des rapports entre les couleurs ; qu'ils ont soumis ces rapports à des lois et ont tiré de là des accords ; que, remarquant une parfaite identité entre les couleurs et les sons, ils ont rapproché les accords des sons et ceux des couleurs et raisonné des uns et des autres d'après les mêmes principes ; voilà ce qui nous intéresse, parce que tout cela nous prouve qu'ils ont eu un merveilleux sentiment de l'harmonie.

Si l'on peut conserver encore quelques doutes sur la nature du coloris des anciens dans lequel la parfaite simplicité n'excluait pas l'extrême savoir, voici un document qui les dissipera. C'est une page d'Aristote où la couleur est analysée avec une science qui n'a rien à envier à la nôtre, tant sont exactes et précises les notions qu'elle renferme. Tous les éléments dont elle se compose, tous les aspects différents qu'elle prend, y sont parfaitement indiqués. Les diverses combinaisons des couleurs particulières, soit entre elles, soit avec la lumière et l'ombre, et cela, dans toutes sortes de proportions et de degrés ; la multiplicité des reflets, le rejaillissement des tons les uns sur les autres, ce que nous appelons le « ton local » et ses modifications variées, tout est noté avec une parfaite connaissance de ces différents phénomènes et en révèle une observation attentive. Rien de plus intéressant, en particulier, que ce qui y est dit de l'influence des milieux colorants. On dirait vraiment que cette page est détachée de quelque savant traité moderne sur la couleur.

« Il n'y a aucune couleur qui soit vue dans toute sa pureté et telle qu'elle est ; toutes sont modifiées par le mélange d'une autre. En supposant une couleur exempte de ce mélange, elle est du moins combinée avec la lumière et l'ombre qui en changent l'aspect. Aussi les couleurs ont-elles différentes apparences, selon qu'elles sont vues dans l'ombre et dans la lumière, au soleil, sous un jour doux ou violent, sur des plans inclinés, dans telle ou telle position, enfin avec diverses modifications, par exemple, éclairées par le feu ou la lune ou les flambeaux dont la lumière est diversement colorée, ou bien mêlées entre elles. Car en passant l'une dans l'autre leurs nuances se modifient [1]. En tombant sur les objets, la lumière se colore et prend des nuances de pourpre et de vert. Mêlée à d'autres reflets, elle se modifie encore, et, par des transformations successives, mais insensibles, elle arrive à l'œil combinée avec toutes sortes de couleurs parmi lesquelles il y en a une qui, dominant les autres, détermine l'apparence colorée. Ainsi les objets vus dans l'eau ont la couleur de l'eau ; ceux qui sont aperçus dans des miroirs, la couleur de ces miroirs ; un pareil effet se produit également pour l'air. »

« On peut donc distinguer trois éléments dans le mélange des

---

[1] Δι' ἀλλήλων φερόμενα χρώζεται. Remarquer cette expression ; un grand coloriste ne parlerait pas mieux de l'influence réciproque de ces couleurs voisines qui, pour ainsi dire, se pénètrent. On sait qu'une couleur se teint de la complémentaire de la couleur juxtaposée. Voir plus loin. Souvent on modifie un ton sans y toucher ; on se borne à modifier le ton voisin.

couleurs : 1° la lumière ; 2° le milieu que la lumière traverse ; 3° enfin la couleur propre de l'objet duquel la lumière se réfléchit[1]. »

Citons encore le passage suivant où la même doctrine est exposée par Aristote avec une insistance qui prouve combien ces notions étaient familières aux anciens :

« On ne doit pas ignorer pourquoi dans les couleurs il y a une variété infinie de tons et de nuances. D'abord elles sont modifiées inégalement et irrégulièrement par l'ombre et la lumière qui, en elles-mêmes, varient beaucoup selon le plus ou le moins, et qui, mêlées aux couleurs, créent entre elles de nombreuses dissemblances. Ensuite, ces mélanges diffèrent par la quantité des couleurs ou leurs vertus spécifiques ou leurs proportions inégales. Et, en effet, il y a bien des nuances de violet, de rouge, de blanc, suivant leur degré d'intensité, leur mélange réciproque, leur pureté. Enfin, il y a encore une différence selon que le ton mêlé est clair ou brillant, ou, au contraire, obscur et terne[2]. »

Ce qu'Aristote dit de la lumière et de son influence sur les couleurs est particulièrement remarquable. Qui ignore que la grande préoccupation de l'école actuelle est la lumière ? C'est elle que les peintres étudient avec passion, bannissant presque complètement l'ombre de leurs tableaux. On veut la voir dans son éclat radieux, inondant l'atmosphère, baignant tout de ses larges effluves :

> Largus item liquidi fons luminis, ætherius sol
> Irrigat assidue cœlum candore recenti[3].

Aussi note-t-on avec soin tous ses phénomènes, les couleurs dont elle se pénètre, surtout les mille reflets qu'elle envoie. Or, les jeux des reflets, de ces tons que les objets rapprochés échangent entre eux,

---

[1] Ἐκ τριῶν εἶναι τὰς χρόας ἁπάσας μεμιγμένας · τοῦ φωτὸς, καὶ δι' ὧν φαίνεται τὸ φῶς, οἷον τοῦ θ' ὕδατος καὶ τοῦ ἀέρος, καὶ τρίτου τῶν ὑποκειμένων χρωμάτων, ἀφ' ὧν ἀνακλᾶσθαι συμβαίνει τὸ φῶς. Arist., *de Coloribus*, III, 18 et 19. Plusieurs regardent ce traité comme apocryphe. Qu'il soit d'Aristote ou non, peu importe à notre dessein ; il garde pour nous son intérêt. — Goethe l'avait analysé et étudié à fond. Il n'a pas encore été traduit en français.

[2] Arist., *de Color.*, III, 13 et 14.

[3] Lucrèce, *de Nat. rerum*, V, 281.

ne sont-ils pas très bien indiqués par Aristote dans le passage que nous avons cité plus haut ?

« La lumière se réfléchit toujours, dit-il encore ailleurs ; car autrement il n'y aurait pas de lumière partout ; il n'y aurait que ténèbres en dehors de l'endroit éclairé directement par le soleil [1]. »

Ce sont des observations faites par le physicien, mais dont les peintres, sans doute, avaient tiré profit ; car il s'en dégage pour eux cette vérité qu'il n'y a rien de noir dans la nature, puisque la lumière pénètre partout et qu'elle éclaire l'ombre elle-même.

IV

Des couleurs juxtaposées et superposées. — Théories modernes entrevues par les anciens : les lois du contraste simultané des couleurs et de l'irradiation dans Aristote. — Procédé des glacis dans la peinture antique.

Du mélange des couleurs combinées entre elles passons aux différents effets de leur juxtaposition et de leur superposition. Parmi les lois les plus curieuses qui les régissent, il y a celles du contraste simultané et de l'irradiation, c'est-à-dire la loi qui se rapporte à l'influence qu'elles exercent les unes sur les autres, à leur action et à leur réaction réciproques, et celle qui concerne leur rayonnement, lorsque, séparées, elles se fondent néanmoins ensemble et se mêlent à distance. Il n'y en a pas dont la connaissance soit plus utile aux artistes que celle de la première en particulier, ni qui aient en peinture des applications plus fécondes et plus variées. C'est à l'observation exacte de cette loi que les grands coloristes doivent leurs plus beaux effets et tout le prestige de leur art. N'est-il pas intéressant de voir qu'elles ont été devinées par Aristote ? Si la science moderne en donne l'exposition complète, lui, il en a indiqué le principe.

C'est un de nos plus illustres savants qui a attaché son nom à la première. On sait avec quelle supériorité M. Chevreul a développé la

---

[1] Arist., *de Anima*, II, 8, 4.

théorie du « contraste simultané des couleurs[1] ». C'est le nom qu'il a donné lui-même à un phénomène qu'il a observé et analysé avec une rare sagacité. Lorsqu'on regarde simultanément deux zones d'une même couleur, contiguës, mais inégalement foncées, la zone claire paraît plus claire, et la zone sombre, plus sombre que lorsqu'elles sont considérées isolément ; c'est là le contraste de ton. Si, d'autre part, au lieu de zones d'une même couleur et ne variant que par le ton, on rapproche deux zones d'une intensité égale de ton, aussi égale que possible, mais d'une couleur différente, on verra se produire le phénomène du contraste simultané des couleurs. Il semblera que, par ce fait de juxtaposition, l'une et l'autre zone subissent une altération sensible dans leur teinte réelle. Supposons une surface rouge contiguë à une surface jaune, le rouge paraîtra teinté de violet, le jaune teinté de vert : observation d'où est déduite la loi des couleurs complémentaires.

Si l'on songe que ce que les artistes appellent le « rapport des tons » et « les valeurs » constitue la science du coloriste, on sera frappé de l'utilité que les peintres peuvent tirer des recherches du savant. C'est en étudiant les deux phénomènes de l'arc-en-ciel et du halo qu'Aristote a fait les observations qui servent de point de départ à toute la théorie de Chevreul. Il se trompe dans l'analyse qu'il fait des couleurs composant l'arc-en-ciel, car il n'en démêle que trois ; mais un génie comme le sien ne pouvait s'égarer complètement ; il mêle à ses erreurs une part de vérité ; sur des faits dont l'observation est inexacte et incomplète il raisonne d'après un principe juste : celui de la modification que subissent les couleurs en vertu du contraste qui les oppose l'une à l'autre[2]. Les trois couleurs distinguées par Aristote dans l'arc-en-ciel sont le rouge, le vert et le violet. Seulement, il remarque aussi le jaune entre le rouge et le vert, et voici comment il l'explique. Selon lui, le jaune serait le résultat d'un contraste. Dans la partie où il se rapproche du vert, le rouge prendrait un ton clair qui ne serait autre que le jaune. Ici, Aristote

---

[1] *De la loi du contraste simultané des couleurs et de ses applications*, avec atlas, par M. E. Chevreul, Paris, 1839, chez Pitois Levrault. — Voir aussi Brucke, *Des Couleurs*, etc., 1re partie, § 16, pp. 171 et suiv.

[2] διὰ τὸ παρ' ἄλληλα φαίνεσθαι. Arist., *Meteorol.*, III, 4, 26.

confond le ton ou la valeur avec la nuance. Car du rouge affaibli reste une nuance du rouge et ne peut devenir du jaune. Seulement, le rouge dans la proximité du vert peut présenter un ton plus clair en raison du principe du contraste des tons : voilà ce qu'il y a de vrai dans le fait observé par Aristote. Du reste, pour établir ce fait, il ajoute cette autre observation : « C'est, dit-il, lorsque le nuage sur lequel se dessine l'arc-en-ciel est le plus foncé que l'arc offre les couleurs les plus vives. Or, dans ce cas, le rouge parait complètement jaune et présente tout entier un ton clair à cause du nuage sombre qui l'entoure ; le ton est clair par opposition avec le reste. » Cette seconde remarque est exacte et prouve qu'Aristote a une notion juste des contrastes. Le halo de la lune est pour lui une seconde preuve de ce qu'il avance. « Cet arc semble entièrement blanc ; or, cette apparence vient de ce qu'il est vu dans un nuage noir et pendant la nuit [1]. » Réciproquement, « le pourtour de l'arc qui touche la partie blanche est noir et son opposition avec ce ton blanc le fait paraître plus noir encore [2] ».

Les observations précédentes sont, nous le répétons, mêlées de vrai et de faux et attestent une science imparfaite. Mais le principe, encore une fois, est vrai. Il est même formulé en passant par Aristote en des termes qui rappellent l'énoncé de Chevreul. « Deux tons foncés, dit-il, étant contigus, celui qui est un peu clair parait tout à fait clair [3] » par l'effet du contraste. Ce sont bien là les zones contiguës du savant moderne.

Si des erreurs scientifiques se mêlent à la théorie de l'arc-en-ciel, voici, sur les étoffes brodées, des observations d'une entière justesse :

« C'est encore là un phénomène qu'on peut bien observer sur les nuances dans la coloration des étoffes. Ainsi, dans les tissus et les

---

[1] Arist., *Meteorol.*, III, 4, 26-28.

[2] Id., *ibid.*, III, 3, 11.

[3] μέλαν παρὰ μέλαν ποιεῖ τὸ ἠρέμα λευκὸν παντελῶς φαίνεσθαι λευκόν. Arist., *Meteorol.*, III, 4, 28. Il est important de remarquer, dans toutes ces questions de couleur, que μέλας et λευκός ne désignent pas toujours le noir et le blanc, mais doivent s'entendre souvent de la « valeur » ; ils veulent dire alors *foncé* et *clair*. Cette confusion donne lieu dans les traductions à bien des erreurs.

broderies, on ne saurait dire combien certaines couleurs diffèrent
d'apparence, étant mises les unes à côté des autres [1] ; par exemple,
des laines rouges juxtaposées à des blanches ou à des noires, ou bien
placées dans tel ou tel jour. Aussi les brodeurs disent-ils qu'ils se
trompent bien souvent, quand ils travaillent à la lampe, et qu'ils ne
s'aperçoivent pas qu'ils prennent les unes pour les autres [2]. »

Cette remarque d'Aristote sur les modifications d'aspect subies par
des laines de différentes couleurs juxtaposées rappelle cette autre
observation de Chevreul :

« Des marchands de nouveautés ayant donné des étoffes de couleur
unie, rouge, violette et bleue à des imprimeurs, pour qu'ils y appli-
quassent des dessins noirs, ils se plaignirent de ce qu'on leur rendait
des étoffes rouges à dessins verts, des étoffes violettes à dessins d'un
jaune verdâtre, des étoffes bleues à dessins brun orangé ou cuivré, au
lieu d'étoffes à dessins noirs qu'ils avaient demandées [3]. »

Les dessins étaient bien noirs, comme le leur démontra le savant.
Mais, par suite du contraste, le noir paraissait diversement coloré.

C'est ainsi que l'influence des couleurs les unes sur les autres,
lorsqu'elles sont rapprochées et contrastées, a été signalée par Aristote. Il est vrai que ce n'est là qu'une indication sommaire, et qu'il y
a loin d'une simple observation à une pénétrante analyse, à une
théorie complète. On ne pouvait attendre celle-ci que de la science
moderne. Mais il ne serait pas juste que les admirables travaux de
Chevreul fissent tort à la sagacité d'Aristote découvrant le fait primitif sur lequel ils sont fondés. D'ailleurs, ce que nous avons voulu
établir, c'est que les anciens étaient en possession du principe. Nul
doute que les artistes n'en eussent déduit, dans la pratique, toutes
les applications ; et ce qui le prouve, c'est que Pline, énumérant les
différents progrès successivement accomplis par la peinture, note, en
particulier, celui qui consiste à faire valoir les tons les uns par les

---

[1] Ἀμύθητον διαφέρει τῇ φαντασίᾳ ἄλλα παρ' ἄλλα τιθέμενα ἔνια τῶν
χρωμάτων.

[2] Arist., *Meteorol.*, III, 4, 29.

[3] Chevr., *De la loi*, etc., p. 286. — Rapprocher encore de ce qu'Aristote dit
des tapis de l'antiquité ce que dit Viollet-le-Duc des tapis de l'Inde. *Dictionn. raison. de l'Archit.*, tom. VIII, pp. 106 et suiv., article *Peinture*.

autres. Il parle de « l'exaltation réciproque des couleurs par leur contraste [1] » : formule répondant assez à l'expression créée par le savant moderne pour désigner la loi qu'il avait fondée.

Le second phénomène dont nous avons parlé est celui de l'irradiation [2]. L'irradiation a de curieux effets parmi lesquels on peut compter celui qu'on appelle aussi « mélange optique ». Il y a des cas où le peintre, posant immédiatement sur la toile plusieurs tons distincts, laisse à l'œil, placé à une certaine distance, le soin de les combiner et de composer lui-même un ton unique, résultante des autres, qui sont mêlés et confondus dans une même perception. Au lieu de se faire sur la palette, le mélange se fait sur la rétine. L'artiste offre en quelque sorte au regard l'analyse du ton ; c'est le spectateur qui en crée la synthèse. Ce procédé, fondé sur les lois de la vision, est très employé par les grands coloristes. Nous nous souvenons d'avoir vu autrefois un tableau de Rousseau, notre célèbre paysagiste, qui représentait une mare sur le devant, sur le côté, un bouquet d'arbres, et, dans le fond, de riantes prairies bornées par un coteau. Ce coteau était charmant ; ses tons noyés de vert et d'azur produisaient une apparence lointaine d'une parfaite illusion. On se demandait comment l'artiste avait pu obtenir un si merveilleux effet. En s'approchant de la toile, pour surprendre son secret, on reconnaissait l'artifice ingénieux dont nous parlons. Qui le croirait ? Ce ton lointain, d'une si ravissante finesse, qui charmait l'œil, était créé par l'œil même. L'habile artiste avait disposé sur sa toile des verts, des bleus, des violets destinés à se combiner à distance et à provoquer une unique impression. Ce procédé qui donne naissance à des tons d'une extrême délicatesse, impossibles à obtenir par tout autre moyen, était-il connu des anciens ? On a lieu de le croire : ici encore, Aristote a entrevu le principe :

« Un ton blanc et un ton noir pourront être placés à côté l'un de l'autre, de telle sorte que l'un et l'autre soient invisibles séparément

---

[1] *Differentia colorum alterna vice sese excitante.* Plin., *N. H.*, XXX, 5, 11.

[2] Brücke, *Principes scientifiques des Beaux-Arts*, ch. v, p. 143 ; voir dans le même volume Helmholtz, *Optique de la peinture*, ch. iii, p. 207. Brücke revient à cette question dans des pages très intéressantes de son livre *Des Couleurs*, iie partie, § 31. — Cf. Charles Blanc, *Gramm. des Arts du dessin*, liv. III, ch. xiii.

à cause de leur petitesse, tandis que le résultat des deux sera pourtant visible. Or, ce résultat ne peut être ni blanc ni noir ; mais comme nécessairement il doit avoir une couleur, et qu'aucune de ces deux-là n'est possible, il faut qu'il ait une couleur mélangée et d'une autre espèce [1]. »

Plus loin Aristote dit encore :

« Mais s'il ne peut y avoir aucune grandeur qui soit invisible, et si tout ce qui est visible a une dimension quelconque, il y aurait aussi dans ce cas un certain mélange des couleurs, et cette supposition n'empêche pas encore qu'il n'en résulte une certaine couleur commune quand on regarde de loin [2]. »

Cette dernière observation, qui corrige et complète la première, est d'une entière justesse. Quelque chose des spéculations du savant était-il passé dans la pratique des peintres ? Un savant allemand, qui a écrit des pages intéressantes sur l'irradiation, affirme que ses effets étaient connus des anciens :

« Les mosaïques et les peintures antiques dont nous avons conservé les restes, montrent une application très étendue de ce principe, ainsi que les broderies et les tapisseries des Gobelins [3]. »

Il y a plaisir à découvrir ainsi dans Aristote le germe de nos théories. Quel honneur pour le savant ancien d'avoir pressenti les belles découvertes de la science moderne ! Si nous ne craignions de nous écarter de notre sujet, nous montrerions un autre genre de mélange optique, celui-là étranger à la peinture, dont la notion se trouve encore chez le même Aristote. Mais tout ne se tient-il pas dans la science, et l'artiste éclairé n'est-il pas celui qui agrandit le champ de ses études ? Tout ce qui regarde les couleurs n'est-il pas de son domaine ? D'ailleurs, insister sur le savoir du philosophe ancien en ces matières, c'est augmenter le crédit de nos affirmations. Le mélange

---

[1] Arist., *de Sensa*, III, 10. Nous avertissons ici une fois pour toutes, relativement à la traduction des textes que nous citons, que nous nous sommes servis, pour Aristote, de la trad. de Barthélemy Saint-Hilaire ; pour Platon, de celles de Cousin et de Saisset ; pour Lucrèce, de celle de Crouslé ; tout en gardant notre liberté pour certains changements, quand il s'agissait de donner plus de précision à un détail technique.

[2] Id. *ibid.*, III, 16.

[3] Brücke, *ouvr. déjà cité*, V, à la fin.

dont nous parlons est celui qui s'opère lorsque plusieurs tons juxtaposés se superposent par l'effet d'une rotation rapide. C'est l'expérience
bien connue du disque tournant. Encore un phénomène observé par
Aristote !

« Lorsque des vibrations, nombreuses et séparées, sont produites
par des cordes, mais sans que l'oreille puisse en percevoir les intervalles à cause du très court espace de temps qui les distingue, elles
se confondent en un son unique. Il en est ainsi des couleurs. Quoique
séparées, elles nous semblent souvent s'unir et se mêler les unes aux
autres, lorsqu'elles sont soumises à un mouvement rapide [1]. »

Mais revenons de l'optique à la peinture. Il n'est pas douteux que
la pensée d'Aristote ne se reporte plus d'une fois vers les artistes,
lorsqu'il expose sa doctrine sur les couleurs. Nous n'en voulons pour
preuve qu'un passage où il fait directement allusion à un procédé des
peintres. Il s'agit cette fois de la superposition des couleurs :

« Les couleurs, dit-il, peuvent paraître les unes à travers les
autres, comme le savent bien les peintres. Aussi parfois ils passent
une seconde couleur sur une autre qui est plus éclatante, et ils emploient ce procédé, par exemple, lorsqu'ils veulent représenter quelque
chose qui doit être dans l'air ou dans l'eau. C'est ainsi, ajoute l'observateur de la nature, que le soleil paraît blanc par lui-même, tandis
que vu à travers un nuage ou de la fumée il paraît rouge [2]. »

Ce renseignement sur la technique des anciens est curieux à
recueillir. On voit qu'ils connaissaient et pratiquaient la combinaison
des couleurs par superposition, c'est-à-dire ce procédé des glacis et
des frottis dont la peinture moderne se sert tantôt pour rehausser et
monter un ton, tantôt pour l'atténuer. Ils employaient des « dessous ».
Pline nous apprend même qu'ils usaient de ce moyen pour composer
certains tons. C'est ainsi qu'ils obtenaient le brillant du minium en
mettant d'abord une couche de sandyx, puis, par-dessus, un couche
de purpurissum ; du purpurissum glacé sur un ton de cæruleum leur
donnait la couleur de la pourpre. Le vernis d'Apelle dont nous avons
déjà parlé était une espèce de glacis. Il est à croire, du reste, que

---

[1] Τούτων τὰ διεστηκότα δοκεῖ πολλάκις ἡμῖν συνάπτειν ἀλλήλοις,
ὅταν φέρωνται τάχεως. Arist., *de Audilibus*, édit. Didot, pp. 661, 15 et 20.

[2] Arist., *de Sensu*, III, 12.

les anciens peignaient légèrement, sans empâtement ni surcharge de couleur. C'est ce qu'on peut induire d'une observation faite par Pline au sujet de l'*Ialysus* de Protogène. Il remarque en effet que l'artiste, pour donner plus de solidité à sa peinture et « la défendre des dégradations et de la vétusté », avait mis quatre couches successives de couleur. Eût-il relevé cette particularité, s'il n'y avait eu dans le soin excessif apporté cette fois par le peintre à son tableau une méthode exceptionnelle d'exécution ?

Pour en revenir à Aristote, le passage où il nous révèle un détail de la technique des peintres anciens est certainement digne de remarque. En nous prouvant que la science et les secrets de l'atelier ne lui étaient pas inconnus, il nous permet d'accorder au savant quelque compétence, au point de vue artistique, dans tout ce qu'il expose de la théorie des couleurs.

V

La perspective chez les anciens. — Observations très justes : Aristote et Platon.

S'il y a une science que les modernes soient disposés à refuser aux anciens et qu'ils revendiquent volontiers pour eux, c'est la perspective aérienne. Il ne semble pas, en effet, qu'elle ait dû trouver sous le ciel de la Grèce des conditions favorables à son développement. Dans les pays où la lumière est si sereine, l'air si transparent, les objets les plus éloignés ont une précision de contours, une multiplicité de détails et une violence de couleur qui, supprimant la distance, les rapprochent du regard. Là, le paysage n'offre aucune de ces dégradations successives de tons qui indiquent les différents plans et créent la profondeur. Nous avons fréquemment constaté ce fait en Algérie. De la plage de Mustapha, les maisons aperçues de l'autre côté du golfe sur les coteaux lointains qui fuient vers le cap Matifou se montrent très souvent avec une netteté d'aspect qui semble défier la distance. L'homme, dans ces contrées, n'est donc pas invité par la nature à chercher les belles lois qui régissent ces dégradations. Son œil, au contraire, se complait dans la netteté des images : la pureté et la fermeté des lignes, la vigueur des reliefs, voilà ce qui le charme. Dans les brumes d'une grise atmosphère, il a d'autres plaisirs ; ce qui l'enchante ici, c'est le vague des horizons lointains, l'indécision des contours perdus et noyés, des lignes flottantes. A la différence du ciel joignez celle des dispositions morales. Dans le domaine de l'art, la raison antique a une calme sérénité ; elle goûte surtout l'ordre, la proportion, l'harmonie ; elle se repose volontiers sur une ou plusieurs figures dans lesquelles la forme est savamment étudiée, où rien ne déguise la beauté, où à une exquise simplicité s'allie une suprême élégance ; sur un tout limité, dont toutes les parties, bien pondérées, sont dans un parfait équilibre. L'imagination moderne a d'autres besoins. La représentation complète de la forme ne lui est pas nécessaire ; elle s'accommode volontiers de profils et de raccourcis. Plus capricieuse et plus hardie, elle aime le pittoresque, les effets variés, les accidents de toute nature. Il lui faut la lumière comme au génie antique, mais aussi l'air et l'espace ; il lui faut les larges horizons et la vaste étendue, tout ce qui, en un mot, répond à un vague sentiment de l'infini. Les lointains la ravissent ; elle en préfère la douceur à la brutalité des premiers plans ; supprimant les détails, ils la mettent en jeu pour les suppléer ; demi-voilés, ils l'invitent à la rêverie. Il n'y a pas pour elle de beau paysage sans un coin de mystère ; elle souffre, si on l'enferme dans une enceinte étroite d'objets trop rapprochés ; elle réclame une « trouée » par où elle puisse s'élancer et s'enfoncer dans l'espace. Tout site dont la composition est bien entendue a cette échappée, si petite qu'elle soit, que l'artiste ménage habilement pour favoriser l'essor nécessaire du regard et de la pensée.

Il est évident que c'est là un art tout nouveau que les anciens ont ignoré, un art qui, par conséquent, a exigé de nouvelles ressources. Mais est-ce à dire que la science sur laquelle il repose leur ait été étrangère ? Loin de là ; nous allons même démontrer dans ce qui suit qu'ils en ont très bien connu les principes. Mais faisons voir d'abord qu'on trouve chez eux les principales observations qui en sont le point de départ. Voici, avant tout, un simple mot jeté en passant par Aristote. De quelle lumière n'éclaire-t-il pas toute la théorie de la perspective des couleurs ? Rien de plus instructif que le seul rapprochement de la couleur et du son :

« Lorsque deux sons arrivent à l'ouïe, l'un affaibli, l'autre soutenu, tous deux parvenus au même endroit paraissent être, le premier, éloigné de l'oreille, le second, tout rapproché, parce que l'un ressemble à ce qui se fait entendre de loin, et l'autre à ce qui se fait entendre de près. Il en est de même en peinture. Lorsqu'on a par les couleurs représenté un objet comme éloigné et un autre comme proche, le premier semble s'enfoncer, et le second sortir du tableau, quoique tous deux soient sur le même plan [1]. »

Toute la science de la perspective aérienne est en abrégé dans cette simple assimilation des sons et des couleurs relativement aux effets de l'éloignement. Une couleur placée au dernier plan est comme le son d'une cloche lointaine qui arrive à nos oreilles affaibli par la distance ; elle aussi, elle parvient à notre œil modifiée par la couche d'air qu'elle traverse, atténuée et dégradée par les vapeurs de l'atmosphère ; et c'est dans la perception délicate de ces nuances que réside le talent du peintre. Plusieurs fois, dans le même traité, Aristote revient sur ces rapports du son et de la couleur. C'est encore dans sa *Météorologie* qu'il émet des observations se rattachant aux principes de la perspective aérienne. Mêlées à des théories scientifiques erronées, elles n'en gardent pas moins, détachées du reste, leur vérité :

« La vue en s'étendant devient plus faible et moins nette..... Tous les objets éloignés paraissent plus noirs, parce que la vision ne peut pénétrer jusqu'à eux..... Ils semblent plus noirs, plus petits, plus unis, ainsi que les objets qui sont vus dans les miroirs ; de même que les nuages paraissent plus noirs dans l'eau que lorsqu'on regarde les nuages eux-mêmes [2]. »

Il est important de remarquer avant tout qu'Aristote donne ici au mot « noir » un sens particulier. Pour lui, « le noir est une sorte de négation de la couleur ; car le noir ne se produit que parce que la vision vient à manquer ». Il entend donc ici par ce mot une sorte de décoloration et d'affaiblissement du ton ; ainsi compris, il est très

---

[1] Τὸ μὲν ἡμῖν ἀνακεχωρηκέναι δοκεῖ τῆς γραφῆς, τὸ δὲ προέχειν, ἀμφοτέρων ὄντων ἐπὶ τῆς αὐτῆς ἐπιφανείας. Arist., *de Audibilibus*, p. 657, édit. Didot.

[2] Arist., *Meteorol.*, III, 4, 20 et 21. Nous traduisons par *plus unis* le mot λειότερα. Le terme grec est plus juste ; il exprime bien la disparition du relief et l'effacement des détails.

juste, appliqué aux objets éloignés. Rien de plus exact aussi que l'aspect de ces mêmes objets comparé à celui des images réfléchies par les miroirs, si l'on songe que les miroirs métalliques des anciens, n'ayant pas la pureté des nôtres, ne renvoyaient, au prix de ceux-ci, que des simulacres affaiblis. Tous les autres effets de l'éloignement sont d'ailleurs marqués avec exactitude par Aristote : la dégradation des couleurs, la simplification des formes et l'amoindrissement des proportions, la diminution des détails : altérations qui, toutes, ont une même cause : l'atténuation progressive de la vision à mesure que croît la distance.

Ce n'est pas seulement Aristote que nous pouvons interroger en ces matières, c'est aussi Platon. Il y a dans différents passages des écrits de ce dernier de curieuses réflexions sur la peinture. Ce ne sont que de très courts aperçus, il est vrai, et c'est tout à fait en passant que le philosophe, dans l'exposition de ses doctrines, jette un rapide regard sur cet art à qui il emprunte des comparaisons et des analogies. Est-ce un motif pour négliger ces vues ? On le croirait à peine de la part d'un si grand esprit : il porte sur la peinture un jugement défavorable. Lui qui parle en termes si magnifiques du beau, semble en méconnaître une des plus brillantes manifestations. Au nom de la raison philosophique, poète, il réprouve la poésie ; artiste, il répudie l'art. Platon s'écrierait volontiers avec Pascal : « Quelle vanité que la peinture ! » mais pour des raisons différentes. L'ironie de Pascal tombe sur un art « qui attire l'admiration par la ressemblance des choses dont on n'admire pas les originaux » ; et l'anathème de Platon proscrit cet art dans lequel tout est illusion. Ce qu'il y a de curieux, c'est que l'un et l'autre reprochent à la peinture précisément ce qui en constitue la grandeur. Car, si elle sait transfigurer les objets les plus vulgaires et donner du charme aux plus insignifiants ; si, avec de si faibles moyens, elle évoque devant nous la nature entière jusqu'à en imposer à notre imagination et à nos yeux, n'est-ce donc pas là un signe de puissance ? et y a-t-il, dans les créations de l'esprit, quelque chose de supérieur ? Oui, Platon condamne la peinture parce que tout y est calculé pour surprendre les sens et décevoir notre âme. Le philosophe qui aspire à connaître la véritable essence des choses n'a qu'un dédain superbe pour les vains simulacres que cet art menteur nous en présente. Avec une fine ironie, il raille l'artiste et les fantômes qu'il crée. Qu'est-ce que l'objet représenté par lui sinon

une chimère, « un rêve de l'imagination humaine destiné aux gens
éveillés [1] » ? C'est encore « une image qu'il montre de loin aux petits
enfants qui n'ont pas l'usage de la raison, pour leur faire illusion sur
son pouvoir [2] ». Véritables hallucinations au prix de la contemplation
de « l'être » ! En somme, la peinture est une imitation trompeuse
des choses ; elle les montre sous un aspect contraire à la vérité et
trouble par là notre âme dont elle flatte la partie mauvaise ; il y a là
pour celle-ci un péril : tel est contre elle le grief du philosophe. Ce
qu'il réprouve surtout en elle, ce sont donc les mensonges de la perspective, ce sont les supercheries des peintres pour abuser la vue et
reproduire les différentes déformations que subissent les objets selon
la position et la distance.

« N'est-il pas vrai que la même grandeur regardée de près ou de
loin ne paraît pas égale ? — Oui. — Que le même objet paraît droit
ou brisé lorsqu'on le voit hors de l'eau ou dans l'eau ; qu'il présente
l'aspect d'un creux ou d'une saillie à cause d'une autre illusion que
font aux yeux les couleurs [3] » ... « Un lit n'est-il pas toujours le
même lit soit qu'on le regarde de face et de profil ? Mais quoiqu'il
soit le même en soi, ne paraît-il pas différent de lui-même ? Et j'en
dis autant de tout autre chose ? — Oui, l'apparence est différente,
quoique l'objet soit le même. — Pense maintenant à ce que je vais
dire. Quel est le but de la peinture ? Est-ce de représenter ce qui est,
tel qu'il est, ou ce qui paraît, tel qu'il le paraît ? Est-ce l'imitation de
l'apparence ou de la réalité ? — De l'apparence. »

Et Platon ajoute : « L'art d'imiter est donc bien éloigné du vrai ;
et ce qui fait qu'il exécute tant de choses, c'est qu'il ne prend qu'une
partie de chacune ; encore ce qu'il en prend n'est-il qu'un fantôme [4]. »

On ne peut rien dire de plus juste sur la peinture. Oui, dans ses

---

[1] Οἶον ὄναρ ἀνθρώπινον ἐγρηγορόσιν ἀπειργασμένην. Platon, *Le Sophiste*, L.
édit. Teubner.

[2] Id., *ibid.*, XXII.

[3] Plat., *La République*, X, 5.

[4] Id., *ibid.*, X, 2. Selon Platon, l'œuvre du peintre est éloignée de la nature de
de trois degrés (Voir la doctrine des trois lits, *ibid.*). C'est ce qui fait que parmi les
différents genres d'imitation, la peinture, avec la poésie, est le plus humble.

imitations, elle s'éloigne du vrai, mais c'est pour s'approcher de l'idéal ; des êtres, elle ne prend qu'une petite partie, mais c'est pour les agrandir ; elle ne représente que des « fantômes », mais avec quel saisissant relief de réalité ! Ne sont-ce pas aussi des « fantômes » que tous ces personnages que crée la poésie pour vivre éternellement dans l'imagination des hommes ? En condamnant la peinture, Platon, par les mêmes raisons, la glorifie. Mais remarquons surtout dans les passages que nous avons cités avec quel accent de dédain le philosophe dénonce les illusions de la perspective. Ce qu'il en dit prouve que, de son temps, les artistes observaient dans leurs tableaux toutes ces modifications de la forme réelle selon la position et le degré d'éloignement des objets ; ils connaissaient les lois auxquelles elles sont assujetties. Rien ne montre mieux le souci qu'ils en avaient que ce que remarque Platon des artifices qu'ils employaient pour imiter ces effets, artifices qu'il compare à ceux des sorciers et des thaumaturges. Pour séduire nos yeux, la peinture ne néglige aucun prestige ; l'artiste est un vrai magicien [1]. Serait-il donc possible d'accuser un art encore ignorant et naïf d'une si savante imposture ?

On aime à croire, du reste, que tout en déplorant, comme philosophe, les pièges tendus à notre âme par la peinture, Platon n'en jouissait pas moins, comme artiste, de ses merveilleux mensonges ; c'est, du moins, ce qu'on doit attendre de celui qui ne bannissait Homère de sa république qu'en le couronnant de fleurs.

Aux inductions légitimes joignons maintenant les données précises. Ce que les anciens avaient particulièrement étudié avec soin, c'était la perspective des statues et, en général, des grandes figures dans la peinture aussi bien que dans la sculpture. L'art, dit Platon, a pour but l'imitation. Or, il y a deux manières d'imiter, en reproduisant l'objet tel qu'il est ou tel qu'il paraît, dans toute la vérité de ses proportions ou avec ces mêmes proportions modifiées par la perspective. D'un côté, c'est la copie exacte de la réalité ; de l'autre, c'est la représentation de « l'apparence [2] ».

---

[1] Ἡ σκιαγραφία ἐπιθεμένη (τῇ φύσει) γοητείας οὐδὲν ἀπολείπει καὶ ἡ θαυματοποιία καὶ ἄλλαι πολλαὶ τοιαῦται μηχαναί. Plat., *Républ.*, X, 5.

[2] Ces deux espèces d'imitation sont appelées par Platon ἡ εἰκαστική et ἡ φανταστική. Cousin et Saisset traduisent ce dernier mot par *fantasmagorie*, comme

« Je vois clairement deux espèces de l'art d'imiter..... — Quelles
sont-elles ? — Il y a d'abord l'art de copier ; c'est particulièrement
lorsqu'on opère l'imitation en reproduisant les proportions du modèle
en longueur, largeur et profondeur et en ajoutant à chaque partie les
couleurs convenables. — Eh quoi ? Est-ce que tous ceux qui imitent
ne s'appliquent pas à faire cela ? — Non, pas ceux du moins qui
exécutent de grands ouvrages de sculpture ou de peinture. Car, s'ils
donnaient aux belles figures qu'ils représentent leurs véritables proportions, tu sens bien que les parties supérieures paraîtraient trop
petites et les inférieures trop grandes, parce que les unes sont vues
par nous de loin et les autres de près. — Cela est juste. — Aussi,
n'est-il pas vrai qu'aujourd'hui les artistes, s'inquiétant peu de la
vérité, donnent à leurs ouvrages, au lieu des proportions naturelles,
celles qu'ils jugent devoir faire le plus bel effet ? — Assurément. —
Il est donc raisonnable d'appeler la première de ces deux espèces
d'imitation, une copie, puisqu'en effet elle ressemble à l'objet ? —
Oui. — Et d'appeler, ainsi que nous l'avons fait, cette partie de l'art
d'imiter, l'art de copier ? — Fort bien. — Mais quoi ? Ce qui paraît
ressembler au beau à cause du beau choix du point de vue et qui,
bien examiné à loisir, n'offre plus la ressemblance qu'il promettait,
comment l'appellerons-nous ? Puisqu'il « paraît » ressembler, sans
qu'il y ait ressemblance réelle, n'est-ce pas une « apparence » ? —
En effet. — N'est-ce pas là une partie considérable de la peinture et,
en général, de l'art d'imiter ? — Certainement. — Et l'art qui produit, au lieu d'une copie fidèle, la simple apparence de l'objet ne
l'appellerons-nous pas avec raison l'art de représenter « l'apparence
des choses » ? — Sans doute [1]. »

Une anecdote bien connue, mais que c'est ici le lieu de rappeler,
vient confirmer le témoignage de Platon. Il s'agissait de faire une
statue de Minerve qui devait être dressée sur une haute colonne. Les
Athéniens eurent l'idée de la mettre au concours et invitèrent deux de
leurs plus grands artistes, Phidias et Alcamène, à entreprendre ce

---

φάντασμα par *fantôme*. Il faut rejeter bien loin ces deux termes qui pervertissent
le sens de tout le passage.

[1] Plat., *Le Soph.*, XXIII, pp. 125 et suiv., édit. Teubner. Sur la perspective
des statues, voir encore Vitruve, VII, 3.

travail. Les deux statues terminées, le jugement porté par le peuple
sur l'une et sur l'autre fut bien différent. Celle d'Alcamène plut
beaucoup et on lui décerna le prix ; quant à celle de Phidias, elle
fut huée par la foule qui, dit l'histoire, dans son indignation, se porta
presque à lapider l'auteur. Mais quand ces deux statues furent mises
en place, il y eut un revirement complet d'opinion. On acclama
l'œuvre de Phidias, tandis que celle d'Alcamène fut un objet de
risée. Ce changement était-il donc l'effet d'un caprice de la foule,
mobile dans ses impressions et dans son enthousiasme ? Nullement.
Mais les deux artistes avaient procédé différemment. Alcamène avait
représenté la déesse avec toute la perfection possible de formes et de
contours. Phidias, au contraire, plus savant dans son art, avait tout
combiné dans son œuvre en calculant les effets de la perspective.
Comme dans les parties supérieures d'une statue élevée les détails
paraissent plus petits, il avait ouvert les lèvres, développé les narines,
modifié tout, en un mot, en raison de la hauteur ; et c'est pour cela
que son œuvre, qui avait failli d'abord lui coûter la vie, lui valut
ensuite un triomphe [1]. Ce qui ressort de cette anecdote et du passage
de Platon que nous avons cité, c'est que, malgré tout l'amour que les
Grecs avaient pour la beauté, ils ne craignaient pas de la sacrifier
dans l'occasion aux lois de la perspective.

VI

La perspective chez les anciens (*suite*). — Il y avait dans l'antiquité une théorie de
la perspective ; documents précis sur ce point. Agatharque ; Démocrite ;
Euclide ; Vitruve. — La connaissance de l'optique entrait dans la culture générale de l'esprit.

On dira peut-être : sans doute, en ce qui concerne la perspective,
on doit admettre que les peintres anciens savaient voir et observer, et
que, dans leurs tableaux, ils reproduisaient avec une suffisante jus-

---

[1] Tzetz., *Chil.*, VIII, 353.

tesse les divers aspects des objets selon le degré d'éloignement et les différents plans. Dans les paysages pompéiens, il est vrai, la perspective est étrangement violée : les lignes montent ou descendent, capricieuses et irrégulières ; mais, après tout, ce sont là des productions d'artistes d'ordre inférieur, d'ouvriers décorateurs, œuvres souvent hâtives et improvisées ; leurs auteurs ont pu ignorer ce que savaient les grands peintres, un Protogène et un Apelle. Tout cela est vrai. Toutefois, ajoutera-t-on, il faut reconnaître qu'il y a une grande différence entre de simples observations pouvant conduire à une certaine justesse dans la pratique et ce qu'on appelle une « science ». Une science suppose non seulement des faits, mais des lois. Ces lois, dans la perspective linéaire, les anciens les ont-ils enfin connues ? Avaient-ils ramené les phénomènes optiques à un corps de règles, à une théorie ? Voilà ce qu'il s'agit de savoir. Nous répondrons que si la science en question s'est singulièrement développée chez les modernes, on ne peut douter qu'elle ne soit née chez les anciens. Ces derniers avaient, en perspective, établi des règles très précises, et cela déjà à une époque ancienne. Leur première origine remonte en effet au temps d'Eschyle, le célèbre poète tragique (525-456 av. J.-C.). C'est à ce moment qu'un peintre, du nom d'Agatharque, qui était de Samos, conçut la première idée de cette science nouvelle. Ce n'était pas cependant un peintre d'un bien grand talent. Il avait une manière expéditive et lâchée qu'il prenait pour de la facilité et dont il était fier. Un jour qu'il reprochait à Zéuxis sa lenteur : « C'est vrai, répondit le maître ; je mets du temps à mon travail, mais c'est qu'aussi je le consacre au temps[1]. » En effet, ajouta-t-il, et c'est un mot qui mérite d'être recueilli de sa bouche, car il prouve quelle était la conscience de ces grands artistes de l'antiquité, « l'exécution facile et prompte ne donne point à une œuvre un poids durable ; elle ne lui communique pas cette perfection de

---

[1] Ὁμολογῶ ἐν πολλῷ χρόνῳ γράφειν, καὶ γὰρ εἰς πολύν. Plut., *de Amic. mult.*, V. Ce mot de Zeuxis rappelle celui d'Apelle. Comme un peintre médiocre lui montrait un tableau en disant : « Je viens de l'enlever en un instant ». « Je le vois bien, répliqua le grand artiste. Une seule chose m'étonne, ajouta-il avec un fin sourire, c'est que dans le même espace de temps vous n'en ayez pas produit davantage. »

beauté qui n'est due qu'à un soin diligent ». Quoi qu'il en soit, ce peintre s'était fait lui-même, ce qui semble pourtant indiquer une vocation, et peut-être la rapidité et la facilité de sa brosse ne nuisirent-elles pas à l'œuvre qu'un jour il entreprit.

La tragédie jetait alors un vif éclat ; le génie d'un grand poète l'avait portée très haut ; on l'entourait de toute la pompe et de toute la magnificence dont elle était susceptible. Eschyle avait inventé le masque ; pour donner un aspect plus auguste à ses personnages, il les avait vêtus de la longue robe flottante et chaussés du haut cothurne. Exhaussé par lui, le théâtre réclama alors un ornement indispensable, le décor, destiné à relever la beauté du drame et à en augmenter l'illusion [1]. C'est Agatharque qui le lui donna. Le premier, dit-on, il fit une « scène », selon l'expression ancienne, c'est-à-dire qu'il représenta les édifices que demandait l'action. Ce genre de travail convenait à son talent improvisateur. Il y eut sans doute dans cet ouvrage un premier essai de lignes fuyantes. Toujours est-il que l'artiste, ayant vu son innovation accueillie avec succès, crut devoir laisser un mémoire sur la question. La voie était ouverte : reprenant l'idée d'Agatharque, Anaxagore et Démocrite écrivirent un traité sur l'art de peindre les décors, mais, cette fois, en développant les principes de perspective qui s'y rattachent.

On sait que la première règle de la perspective est celle des « points de fuite », c'est-à-dire des points vers lesquels se dirigent les lignes fuyantes, et qui sont placés ou sur la ligne d'horizon, ou au-dessus de cette ligne, ou au-dessous. Ce qu'on appelle le « point de vue » n'est que le plus important de ces points. Or, le point de fuite était très nettement indiqué dans l'ouvrage de Démocrite. Le principe de toute la théorie était en effet celui « d'un centre établi en un point déterminé auquel devaient être ramenées, selon les rapports naturels, les lignes répondant aux rayons visuels [2] ». A la notion du point de

---

[1] *Uti de incerta re certæ imagines ædificiorum in scenarum picturis redderent speciem.* Vitruve, VII, *Præf.* L'expression *de incerta re* est obscure. Toutefois, ne semble-t-il pas que l'écrivain ait voulu opposer ce qu'il y a *d'indéterminé* dans les fictions du drame à ce qu'il y a de *déterminé* dans la représentation de vrais édifices, *certæ imagines* ? Sans le décor, le lieu de la scène est vague et pour ainsi dire abstrait.

[2] *Scripserunt quemadmodum oporteat ad aciem oculorum radiorumque extensionem, certo loco centro constituto, lineas naturali ratione respondere.* Vitruv., VII, *Præf.*

fuite se joignait celle des différents plans. En effet, ce n'est pas seulement le relief des figures, c'est celui de tout le tableau qui est indiqué par ces expressions, *alia abscedentia, alia prominentia*, rendant très bien l'idée de premier et de second plan. Enfin, on constatait que de cette habile distribution des objets dans l'espace, résultait « l'illusion d'une profondeur creusée sur une surface plane [1] » : ce qui est le grand objet de toute la perspective.

Si sommaire qu'elle soit, l'indication de ce que contenait ce premier traité est très précieuse. On le voit : le principe de la science était posé : quels développements reçut-il ? Il est probable que les peintres, une fois en possession de ces premières données, en avaient tiré toutes les notions qu'elles renferment, notions si importantes pour leur art. Ils avaient été secondés dans cette tâche par les architectes. Plusieurs siècles après Démocrite, Vitruve n'emploiera pas une formule plus claire que la sienne pour désigner le point de vue. Parlant du plan perspectif d'un édifice, il le définira : « la représentation de la face et des côtés fuyants, et le concours de toutes les lignes aboutissant au centre du cercle [2] ». Il faut remarquer la netteté et la précision de ces derniers termes.

Du reste, pour savoir ce que les anciens connaissaient en matière de perspective, nous n'avons besoin ni d'inductions ni de conjectures ; il y a sur ce point un document précis. Nous possédons, en effet, l'*Optique* d'Euclide [3], ce célèbre géomètre dont les *Éléments* servent encore de base à l'enseignement en Angleterre. Cet ouvrage est, malheureusement, bien sommaire ; il ne présente qu'une série de théorèmes qui ne sont pas accompagnés de démonstrations. D'autre part, la plupart de ces propositions se rapportent à l'optique propre-

---

[1] *Uti quæ in directis planisque frontibus sint figurata, alia abscedentia, alia prominentia esse videantur.* Id., *ibid.*

[2] *Scenographia est frontis et laterum abscedentium adumbratio, ad circinique centrum omnium linearum responsus.* Id., I, 2.

[3] Euclide vivait vers 320 av. J.-C., sous Ptolémée, fils de Lagus. Son *Optique* a paru pour la première fois en 1557. Elle a été traduite en français sous le titre de *La perspective d'Euclide*, par Fréart de Chantelou, sieur de Chambray, au Mans, 1663. N'ayant pu nous procurer le texte original, édité seulement deux ou trois fois, nous avons dû, à notre grand regret, nous contenter de cette vieille traduction.

ment dite ; la perspective occupe très peu de place. Tel qu'il est, le livre, pour notre objet, est très instructif.

Euclide considère le champ de la vision comme enfermé dans un cercle. C'est de cette donnée qu'il part ; il la range parmi ses *postulata*.

« La figure comprise sous les rayons visuels est un cône qui a son sommet au centre de l'œil, et sa base aux extrémités ou contours des choses vues. » (Postul. II).

Nous avons vu que, d'après Vitruve, les anciens plaçaient le point de vue au centre de ce cercle *(ad circini centrum)* ; c'était là le point de concours de toutes les lignes *(omnium linearum responsus)*[1]. Euclide développe ce principe. Il indique la direction de ces lignes par rapport à la ligne d'horizon : les unes, qui sont au-dessus, descendant ; les autres, qui sont au-dessous, montant :

1° — « Aux plans qui sont étendus au-dessous de l'œil, les parties plus éloignées semblent les plus hautes. » (Théorème X). 2° — « Aux plans qui sont situés au-dessus de l'œil les parties plus éloignées semblent les plus basses. » (Théor. XI).

De ces lignes, les unes se dirigent de droite à gauche, les autres, de gauche à droite :

« Aux objets qui ont leur longueur tournée vers la profondeur du plan, les parties qui sont à main droite semblent s'approcher vers la main gauche ; et celles qui sont à la main gauche semblent tirer vers la droite. » (Théor. XII)[2].

Le principe des plans n'est pas moins nettement déterminé :

« Des intervalles égaux étant marqués sur la même ligne droite, ceux qui sont vus d'une plus longue distance semblent plus petits. » (Théor. IV).

---

[1] Voici comme on expose aujourd'hui les mêmes principes. On verra que, s'il y a plus de rigueur scientifique dans l'expression, le fond est le même. « La somme des rayons visuels, émanés des corps observés, forme un cône dont le sommet est situé à l'œil même du spectateur et dont la base est un cercle déterminé par l'intersection d'un plan vertical supposé entre la nature et l'œil de l'observateur. L'axe de ce cône, c'est-à-dire la droite perpendiculaire au plan, va déterminer un point à l'opposé de l'œil qui est le point de vue. A ce même point aboutissent toutes les lignes parallèles à cette perpendiculaire *(omnium linearum responsus)*. » *Leçons de perspective* de Pèquègnot, Paris, 1871, p. 1, fig. 47.

[2] Cf. Les théorèmes XIII et XIV.

Et en effet :

« Les choses qui sont vues sous un plus grand angle paraissent plus grandes. » (Postul. V).

Et réciproquement :

« Celles qui sont vues sous un angle plus petit paraissent plus petites. » (Postul. VI).

A la diminution des grandeurs ajoutons la dégradation des tons et des couleurs :

« Des grandeurs égales se trouvant en des distances inégales, celles qui sont plus proches de l'œil se montrent plus distinctement et plus clairement. » (Théor. II).

Les principes les plus importants de la perspective tiennent dans ce petit nombre de lignes. Jusqu'à présent, nous n'avions eu à recueillir que des faits exactement observés ; voici enfin des lois. Il est évident maintenant que les artistes anciens possédaient, en fait de perspective, non seulement la pratique, mais aussi la théorie ; et l'on comprend le mot d'un savant peintre, un chef d'école, de l'atelier duquel étaient sortis Apelle et Mélanthe, qui, nourri des plus fortes études, disait que « sans l'arithmétique et la géométrie, il n'y avait pas de perfection possible pour l'art [1] ». Il est probable que l'arithmétique servait aux peintres surtout pour établir les proportions de la figure humaine. Car on sait combien cette science des « proportions » tenait une place considérable dans les préoccupations des artistes de l'antiquité. Mais où la géométrie trouvait-elle son emploi et son application la plus naturelle sinon dans les démonstrations de la perspective ?

Et, en effet, l'optique, chez les anciens, était une branche de la géométrie. Si Alcamène avait été vaincu par Phidias dans le concours pour la statue de Minerve, c'était, disait-on, parce qu'il n'était pas versé, comme son émule, dans la connaissance de la géométrie et de l'optique. Cette dernière science, qui comprenait la partie de la perspective que nous appelons linéaire, embrassait aussi la perspective aérienne. Elle rendait compte des illusions de la vue, expliquant, par

---

[1] *Omnibus litteris eruditus, præcipue arithmetica et geometria, sine quibus negabat artem perfici posse.* Plin., XXXV, 10, 36.

exemple, pourquoi les objets vus dans l'eau paraissent plus grands[1], tandis que les objets éloignés semblent plus petits. Il y avait aussi un chapitre important consacré aux miroirs et aux différentes images qu'ils réfléchissent. Mais Aulu-Gelle, à qui nous devons ces détails[2], ne nous donne pas de plus amples renseignements sur cette science dont il ne note que les curiosités. Elle semble, du reste, avoir été du nombre de celles qui entraient dans la culture générale de l'esprit et appartenaient à une éducation libérale. C'est, du moins, ce qui paraît ressortir d'une lettre que Cicéron adresse à Atticus et dans laquelle, sur un ton enjoué, il fait allusion à un théorème de perspective. Il s'agit d'une de ses maisons de campagne dont Atticus critiquait les fenêtres :

« Sachez, dit-il à son ami, qu'en trouvant mes fenêtres trop étroites vous vous faites une affaire avec Cyrus : heureusement ce n'est qu'avec l'architecte. Comme je lui voulus dire que j'étais du même avis que vous, il me fit voir que des fenêtres larges donnant sur un jardin n'offraient pas une perspective aussi agréable à la vue. En effet, soit A l'œil qui voit, B et C l'objet qu'il voit, D et E les rayons qui vont de l'objet à l'œil..... Vous comprenez bien le reste[3]. »

Et Cicéron laisse Atticus achever la démonstration. Ce n'est évidemment qu'un badinage ; Cicéron se sert avec une gravité comique des formules de l'école. Toutefois, ce passage prouve que ces sortes de raisonnements lui étaient familiers ainsi qu'à Atticus.

VII

La perspective chez Lucrèce ; la théorie traduite en tableaux.

Parmi les sectes philosophiques, les épicuriens paraissent avoir eu un goût particulier pour les curiosités de la perspective. Peut-être faut-il l'attribuer à l'influence du maître. L'auteur du premier traité

---

[1] Lorsque l'eau est tranquille, elle réfléchit une image exacte des objets ; il n'en est pas de même lorsqu'elle est agitée : cette image se déforme et s'allonge.

[2] Aul.-Gelle, *N. A.*, XVI, 18.

[3] Cic., *ad Att.*, II, 3, trad. de l'abbé Mongault.

sur cette science n'est-il pas le fondateur de la doctrine des atomes ?
C'est à lui qu'Épicure, fervent disciple, l'emprunta ; il lui prit aussi
ce qui se rattachait au système, certaines considérations appartenant
à l'optique. En tous cas, on en trouve de curieux exemples dans
Lucrèce. On sait que dans son IVe livre celui-ci expose la théorie de
la vision qui, selon les Épicuriens, s'opérait par l'émission d'images
détachées des objets et traversant l'air pour venir frapper l'organe de
l'œil. Quoiqu'ils prétendissent que ces subtiles émanations des corps
en étaient la représentation exacte, ils ne pouvaient nier que la vue
ne fût sujette à mille illusions ; mais ils déclaraient que les erreurs
de ce sens ne devaient nullement en ébranler l'autorité. En effet,
admettre le contraire eût été ruiner leur doctrine qui ne reconnaissait
pour fondement de la vérité que le témoignage des sens. C'est à
propos de ces illusions qui, selon eux, viennent, non d'une observation réelle, mais d'un esprit téméraire dans ses conjectures, que
Lucrèce mentionne divers phénomènes d'optique. On se plaît à les
retrouver chez lui, mais décrits en beaux vers, avec cette précision,
cette netteté, cette rigueur scientifiques dont il sait revêtir son
expression. L'affaiblissement des objets en raison de la distance et
leur aspect simplifié par l'éloignement ; les modifications opérées en
eux par la colonne d'air qui les sépare de notre œil, la réflexion et la
réfraction, tous ces phénomènes sont remarqués par lui avec une
parfaite justesse. C'est ainsi qu'il nous offre la perspective d'un portique, d'une tour, d'un groupe d'îles. Il indique nettement le point
de fuite ; s'il ne dégage pas la loi, il décrit le fait avec une admirable
précision ; l'exactitude des termes a, on peut le dire, la valeur d'une
formule et supplée à la construction de la figure :

> Porticus æquali quamvis est denique ductu,
> Stansque in perpetuum paribus suffulta columnis,
> Longa tamen parte ab summa cum tota videtur,
> Paulatim trahit angusti fastigia coni,
> Tecta solo jungens atque omnia dextera lævis
> Donec in obscurum coni conduxit acumen [1].

« Voyez ce portique. Il est formé d'une rangée de colonnes, toutes

---

[1] Lucrèce, IV, 426-31, édit. Munro.

parallèles et égales en hauteur. Toutefois, vu de l'une de ses extrémités, il rapproche et resserre insensiblement ses deux côtés en pointe de cône, joignant les lignes du sommet à celles du sol et le côté droit au côté gauche, jusqu'à ce qu'il confonde tout en une obscure image, sommet du cône. »

De la perspective linéaire passons à la perspective aérienne. Au tracé si net que nous venons de voir va succéder une figure confuse. Ce sont des tours vues de loin : elles sont carrées, mais en raison de l'adoucissement des angles et de l'effacement des détails produits par la distance, elles prennent l'aspect de tours rondes.

> Quadratasque procul turres cum cernimus urbis
> Propterea fit uti videantur sæpe rotundæ,
> Angulus obtusus quia longe cernitur omnis :
> Sive etiam potius non cernitur, ac perit ejus
> Plaga, nec ad nostras acies perlabitur ictus ;
> Aera per multum quia dum simulacra feruntur,
> Cogit hebescere cum crebris offensibus aer.
> Hinc ubi suffugit sensum simul angulus omnis,
> Fit quasi ut ad tornum saxorum structa terantur ;
> Non tamen ut coram quæ sunt vereque rotunda,
> Sed quasi adumbratim paulum simulata videntur [1].

> En contemplant de loin l'enceinte d'un rempart,
> On voit rondes souvent des tours qui sont carrées ;
> Soit que par le lointain les lignes altérées
> S'émoussent, ou plutôt que les angles confus
> N'atteignent plus les sens et cessent d'être vus ;
> Car l'épaisseur des airs intercepte l'image ;
> Chaque flot effleuré la déforme au passage,
> Et tout angle s'efface, et le robuste mur
> S'arrondit, non sans doute avec le relief pur
> Des contours vraiment ronds vus de près et palpables,
> Mais avec l'à peu près des formes vraisemblables [2].

---

[1] Lucr., IV, 353 et suiv. Il est curieux de constater que ce passage de Lucrèce n'est que la démonstration en beaux vers du IXe théorème d'Euclide ainsi conçu : *Des grandeurs carrées étant vues de loin paraissent rondes.*

[2] Trad. de Lucrèce par André Lefèvre. Disons une fois pour toutes que, dans tous les passages de Lucrèce que nous citons, nous n'avons pas à examiner les erreurs que peut mêler à la description du phénomène d'optique la fausse théorie de

On ne peut mieux voir. Les deux derniers vers de Lucrèce, surtout, rendent très bien l'impression de ces formes indécises que le regard démêle à peine lorsque la grande distance ne nous les laisse voir qu'à travers les vapeurs de l'atmosphère. Un artiste aperçoit tout de suite ces tours dans leur effacement lointain.

> ...... Omnia quæ longe semota tuemur
> Aera per multum specie confusa videntur [1].

La disparition des détails, dans l'éloignement, ne permet plus à l'œil de distinguer autre chose que des « masses ». C'est ce que remarque très bien Lucrèce : des montagnes éloignées qui s'élèvent au milieu de la mer, et livrent entre elles un libre passage aux flottes, semblent être réunies et ne plus former qu'une seule île :

> Insula conjunctis tamen ex his una videtur [2].

Tous ces effets sont dus à l'interposition de l'air entre l'œil et l'objet :

> Aera qui inter se cumque est oculosque locatus.

Plus longue est la colonne d'air qui s'agite devant nos yeux et qui les effleure, plus grand est l'éloignement de l'objet :

> .... Quanto plus acris ante agitatur,
> Et nostros oculos perteget longior aura,
> Tam procul esse magis res quæque remota videtur.

Et tout s'accomplit avec une merveilleuse rapidité pour que nous puissions voir en même temps et l'aspect de l'objet et la distance où il se trouve :

> Scilicet hæc summe celeri ratione geruntur,
> Quale sit ut videamus et una quam procul absit [3].

Une théorie intéressante de la perspective est celle des objets vus

---

l'émission des images. Il nous suffit, quelle que soit la valeur de l'explication scientifique, que le phénomène lui-même ait été bien observé, plutôt en artiste qu'en physicien.

[1] Lucr., V, 579-80.
[2] Id., IV, 399.
[3] Id., IV, 244-255.

dans l'eau, Lucrèce observe avec une parfaite justesse les deux phénomènes de la réflexion et de la réfraction. Du premier, il formule
même la loi : *L'angle de réflexion est égal à l'angle d'incidence :*

> Omnia quando quidem cogit natura referri
> Ac resilire ab rebus ad æquos reddita flexus [1].

Il se contente de décrire le second avec précision :

> At maris ignaris in portu clauda videntur
> Navigia, aplustris fractis, obnitier undæ.
> Nam quæcumque supra rorem salis edita pars est
> Remorum, recta est, et recta superne guberna :
> Quæ demersa liquorem obeunt, refracta videntur
> Omnia converti, sursumque supina reverti,
> Et reflexa prope in summo fluitare liquore [2].

« Ceux qui ne connaissent pas la mer croient voir les navires dans
le port, boiteux, faire effort contre les vagues : la poupe semble
brisée. C'est que la partie des rames et du gouvernail élevée au-
dessus des flots est droite ; la partie plongée dans la mer paraît se
briser, remonter horizontalement, et, par cette réfraction, flotter
presque à la surface. »

Dans un livre sur le poème de *La Nature*, dont les beautés poétiques sont analysées avec un talent supérieur [3], on a déjà montré
combien, chez Lucrèce, le savant était distingué ; on a signalé dans
cet éminent esprit une sorte d'intuition, vraiment remarquable pour
l'antiquité, de certaines lois du monde physique, une sagacité qui
étonne la science moderne dont elle semble devancer les découvertes.
N'est-on pas charmé de surprendre chez lui la même précision, la
même justesse dans l'observation de plusieurs phénomènes d'optique
et de perspective ? Cette science nouvelle qui se révèle ainsi dans le
poète d'une manière piquante ne sied-elle pas à celui qu'on peut
appeler un grand peintre de la nature, le plus grand, avec Virgile,
dans l'antiquité ? En effet, quel artiste que Lucrèce ! Est-il, par
exemple, un paysage historique du Poussin plus grandiose que cette

---

[1] Lucr., IV, 322-23.
[2] Id., IV, 436-442.
[3] C. Martha, *Le Poème de Lucrèce*, Hachette, 1869.

majestueuse solitude, séjour sacré des nymphes, qu'il nous montre,
aux premiers jours du monde, animée seulement par la grande voix
du torrent qui, descendant des hautes montagnes, de loin, appelle la
bête fauve altérée? Avec quel profond sentiment de la nature sauvage
ne peint-il pas cette onde prompte à s'épancher en larges nappes
sur le roc humide, sur la verte mousse d'où elle rejaillit en écume?

> Lubrica proluvie larga lavere humida saxa,
> Humida saxa super viridi stillantia musco [1].

Est-il besoin de citer tant de tableaux où le détail pittoresque est
si saisissant de vérité? Ils sont dans toutes les mémoires. Il était digne
de cet observateur de la nature, qui l'a rendue avec tant d'émotion
dans ses beaux vers, de s'intéresser à ces curieux effets qu'elle présente, soit que, révélant la forme réelle par la forme apparente, elle
trompe nos yeux pour les mieux instruire ; soit que, dans l'éloignement, elle nous offre les objets, demi-voilés par les vapeurs de
l'atmosphère, avec tout le charme du mystère.

VIII

Conclusion.

Nous avons, dans l'étude qui précède, demandé aux textes ce qu'ils
peuvent nous apprendre sur la peinture antique. En les expliquant et
en les commentant, nous avons essayé de pénétrer le mystère d'un
art à jamais disparu. Comment les peintres grecs de la belle époque
entendaient-ils le coloris ? Ont-ils connu et pratiqué la perspective ?
Ce sont là des problèmes qui irritent la curiosité moderne. On se
résigne bien difficilement à ignorer quelque chose de ce qui touche à
cette antiquité, si passionnée pour le beau, et qui en a légué à tous
les siècles un si magnifique exemplaire. Pendant que de tous côtés,
avec un zèle ardent, honneur de l'archéologie moderne, on fouille les

---

[1] Lucr., V, 945 sq.

ruines augustes de tant de beaux monuments qu'elle avait dressés, et qu'on s'empresse d'arracher au sol qui les recèle les débris de son art, n'est-ce pas aussi un devoir pour les lettrés que de recueillir dans les textes ceux de ces débris qui y demeurent ensevelis ? Ces textes, il est vrai, sont peu nombreux : c'est une raison pour qu'ils aient plus de prix et soient recherchés avec plus de soin. Si nous les avons convenablement étudiés, nous tenant à la fois en garde contre une témérité de conjectures qui les fausse et les altère en leur demandant plus qu'ils ne peuvent donner, et contre cette interprétation timide qui n'en découvre pas la portée, il résulte de ce que nous avons dit que les peintres anciens ont été très forts ; qu'ils ont eu une connaissance profonde des lois du coloris et possédé les plus importantes notions de la perspective. Si leur science n'était pas aussi compliquée que celle de nos peintres, ils ont du moins eu en partage celle qui était dans une parfaite harmonie avec le génie de leur art, génie plus simple que celui de l'art moderne.

Si l'on consulte le témoignage de ceux qui ont vu les peintures antiques à l'instant où, pour la première fois rendues à la lumière, elles apparaissaient dans toute leur primitive fraîcheur, on voit que la beauté de la couleur, dans un grand nombre d'entre elle, les a frappés ; et, ce qui est remarquable, c'est que maintes fois, voulant donner une idée de l'excellence du coloris qui distingue ces œuvres de l'antiquité, ils l'ont déclaré comparable à celui du Titien [1]. Ainsi, c'est au plus grand maître de la peinture moderne dans cette partie de l'art, à celui dont les tableaux brillent par de si chaudes colorations, qu'il faut s'adresser pour se rendre compte de ces fresques antiques. D'autre part, M. Helbig, parlant du tableau, trouvé dans les fouilles du mont Palatin, qui représente Io et Mercure, déclare que

---

[1] Le père Zarillo, directeur des fouilles d'Herculanum, écrivait en 1804 : « . . . . Le Faune et la Nymphe sont d'un excellent coloris, spécialement pour le nu qui peut le disputer en ce genre au Titien. *Archiv. littér.*, 4ᵐᵉ année, tom. V, p. 278. — En 1805, on découvre à Pompéi une peinture représentant Diane surprise par Actéon. Il en est rendu compte dans le *Journal des Débats* : « Le coloris de Diane égale tout ce que Titien a jamais produit de plus beau dans ce genre. » *Journ. des Déb.*, numéro du 29 germinal an XIII. — La fresque célèbre intitulée la *Toilette de l'Hermaphrodite* est également signalée par Zahn pour la beauté de son coloris ; et c'est encore à celui du Titien qu'il le déclare comparable.

cet ouvrage par le coloris comme par le dessin révèle une main extra-
ordinairement fine ; puis il ajoute : « La gamme des couleurs qui se
tient dans des tons relativement clairs fait une impression harmo-
nieuse et qui repose l'œil [1]. » On voit par là que tous les genres de
coloris se trouvent représentés dans ces monuments de la peinture
antique : tons chauds et riches de l'école vénitienne ; tons fins et
délicats.

Mais nous pénétrons ici dans le domaine de l'archéologie [2]. Arrê-
tons-nous au seuil de cette étude d'un ordre nouveau, indépendante
de celle qui précède, quoiqu'elle puisse la compléter. Les monuments,
nous l'avons déjà dit, appartiennent à un siècle de décadence; ils
datent d'un temps où, selon le témoignage de Pline, la peinture
expirait. Ces fresques qui ne sont, après tout, que les œuvres d'habiles décorateurs, artistes anonymes, que peuvent-elles nous révéler
de la science d'un Euphranor, d'un Protogène, d'un Apelle? Elles
sont utiles à consulter, il est vrai, car il est impossible qu'il n'y ait
pas dans certaines colorations des artistes pompéiens comme une
réminiscence d'une peinture plus savante et comme un héritage lointain des maîtres ; mais ce sont là sans doute de vagues vestiges.
Nous, ce que nous avons essayé, avant tout, de retrouver, c'est l'art
des maîtres, de ces grands peintres dont les noms glorieux, malgré
la destruction de leurs œuvres, sont arrivés jusqu'à nous, et que
l'antiquité tout entière a mis, pour le génie, au même rang que ses
grands poètes.

---

[1] Lettre à M. G. Perrot, *Revue Archéol.*, 22° vol., p. 201.

[2] Si l'on veut connaitre les monuments, on consultera avec beaucoup d'intérêt
l'*Histoire de la Peinture antique*, par Paul Girard. Paris, ancienne maison Quantin.

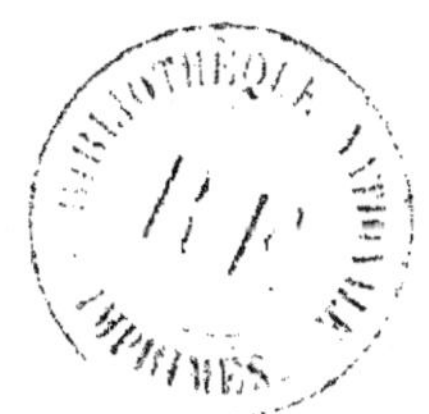